UNE RÉVOLTE, PAS UNE RÉVOLUTION

Patrick Sébastien

UNE RÉVOLTE, PAS UNE RÉVOLUTION

FLORENT MASSOT

Retrouvez-nous sur
www.le-dard.com

ISBN : 978-2-916-54645-2

SOMMAIRE

Il ne suffit pas de vivre,
encore faut-il exister...

INTRODUCTION

Alors, on fait quoi ?

On continue à se contenter du moins grave, du moins pire ? On continue d'accepter sans broncher d'être floués, manipulés, niés ? On se barricade un peu plus dans nos niches ? On persiste et on se signe ? Dieu reconnaîtra les chiens ! On continue à donner la papatte ? Couché ! Assis ! Au pied ! Va chercher !

La SPH n'existe pas. C'est aux humains de se protéger eux-mêmes.

Alors, on fait quoi ?

Ce manifeste a été écrit après mûre réflexion mais aussi avec la motivation de l'instant. Ainsi, y trouverez-vous sans doute des excès ou des oublis que le temps me dictera d'atténuer ou de combler. Je ne vous demande pas d'adhérer à tous mes propos ni de suivre mes désirs au mot près. Vous imposer d'approuver ce texte à la lettre serait une requête intégriste. Ce n'est absolument pas mon but. Mais si votre conviction est que l'être humain est une priorité absolue, et qu'il doit être remis au centre de toutes les décisions politiques, vous trouverez dans ces lignes un écho à votre espérance.

Je ne suis ni un économiste ni un philosophe. Je suis seulement un citoyen médiatique convaincu de l'urgence à tenter de bousculer l'ordre des choses. Ce constat paraîtra certainement simpliste aux professionnels de la politique et aux analystes bien plus rompus que moi à l'observation des composantes de la société française. Mon propos est étayé moins de connaissances spécifiques que de ce que nous appelons communément « le bon sens ». Il ne faut le prendre que pour ce qu'il est : une approche globale, l'expression d'une conviction humaniste sans faille, et des propositions qui avec le temps, et l'application effective du projet que je veux initier, se multiplieront et se préciseront.

Pour entrer sans attendre dans le vif du sujet, il me paraît urgent d'enclencher dans notre pays un processus de réveil. C'est le point de départ de la révolte que je prône. La révolution se nourrit toujours de violence, voire d'ultraviolence. L'humaniste que je suis exclut ce recours. La révolution est souvent un mal pour un bien. La révolte, telle que je la conçois, est toujours un bien pour un bien. L'histoire a prouvé, hélas, que dans la majorité des révolutions, les insoumis, une fois le combat gagné, devenaient les répliques (parfois bien plus écrasantes) des tyrans qu'ils avaient destitués.

La révolte est pour moi le sursaut, le réveil indispensable dans une situation d'exaspération. Et elle ne peut en aucun cas engendrer de nouveaux oppresseurs puisque son but n'est pas de confisquer le pouvoir, mais d'influer sur lui pour lui imposer de veiller en priorité à la considération et à la dignité de chaque être qu'il gouverne. Cette révolte est justement le dernier garde-fou avant l'explosion totale et son cortège de faits de guerre.

Nous n'en sommes pas encore là, mais bien plus proches qu'on ne pourrait le croire. La France, pays des droits de l'homme, devient peu à peu le pays des travers de l'homme. Une révolution renverserait l'ordre établi. Une révolte ne tend qu'à le bousculer. C'est pourquoi j'ai décidé de créer un des instruments de cette révolte : le D.A.R.D.

Cet acronyme signifie : Droit Au Respect et à la Dignité. C'est aussi un clin d'œil à celui qui m'a enseigné la tolérance et l'altruisme, l'écrivain Frédéric Dard. C'est enfin, par son allusion à ce qui sera son symbole de reconnaissance : la guêpe, la capacité, comme cet insecte social, à utiliser au mieux notre intelligence collective. Vous trouverez plus loin dans ce manifeste les détails statutaires et les modalités d'adhésion à ce rassemblement. Mais dès lors, pour bien saisir le sens des propos que je vais exprimer tout au long de cet ouvrage, voici l'appel que je lance à tous ceux qui, une fois convaincus, souhaiteront se joindre à ce combat :

LE D.A.R.D. EST UN RASSEMBLEMENT CITOYEN ET HUMANISTE

D'où que vous soyez, qui que vous soyez, au-delà de vos différences sociales, ethniques, politiques, religieuses ou philosophiques, le D.A.R.D. propose de vous fédérer autour d'une idéologie qui place l'être humain comme priorité absolue de notre société. J'ai décidé d'être le fondateur de ce mouvement pour tenter d'initier une révolte, pas une révolution.

Le cynisme, la corruption, la manipulation, le vol des libertés, les abus de pouvoir, le mépris, la suffisance, l'indifférence nous plongent chaque jour dans un peu plus de désespoir. Ceux qui sont censés gérer notre société usent de la peur et de la résignation comme armes anesthésiantes. C'est une guerre sournoise menée par une caste dominante qui asservit par l'endormissement.

Le D.A.R.D. est une entreprise de réveil. Il ne s'agit pas de détruire l'ordre établi, mais de rendre à chacun la considération qu'il mérite. La société idéale n'existe pas. Mais nous devons nous battre chaque jour pour que le pouvoir de l'amour soit plus fort que l'amour du pouvoir. Il est urgent de remplacer le désespoir et la peur par l'espoir et la confiance.

La force du nombre est notre seule chance. C'est pourquoi je vous propose de nous réunir en dehors des partis traditionnels dans un élan structuré, idéaliste, non violent et volontariste. Ce nombre nous permettra, d'abord, d'user à tout moment d'une arme absolue : le boycott.

Ensuite, le moment venu, si ce rassemblement a le poids nécessaire, nous pourrons imposer à ceux qui ont choisi de nous gouverner des décisions incontournables, sur la base de propositions que nous leur ferons, en échange de nos bulletins de vote. Ces bulletins sont, en démocratie, la seule arme que nous possédons tous, sans distinction sociale. Il faudra la négocier au « plus offrant », quelle que soit sa couleur politique. Des mesures d'urgence pour le respect et la dignité de chacun en contrepartie de nos suffrages : ce sera notre « échange civique ».

Mais la pierre angulaire de notre mouvement est d'abord de nous améliorer nous-mêmes. L'adhésion de chacun au D.A.R.D. passe par un engagement sur l'honneur, à agir sous toutes ses formes dans le sens de la considération de chaque « autre », quelle que soit sa différence. Nous ne pouvons pas attendre de ceux qui nous gouvernent les solutions à nos propres carences. Notre solidarité, notre dévouement, notre altruisme sont bien trop insuffisants. Nous progresserons ensemble.

LE D.A.R.D. N'EST PAS UN PARTI POLITIQUE

Il n'a aucune ambition électoraliste. Nul, pas même son fondateur, n'est autorisé à briguer une responsabilité, dans quelque structure d'élus que ce soit, au nom du D.A.R.D. Nous sommes un rassemblement de conscience et de pression, pas de décision. Nous ne voulons pas le pouvoir. Nous le laissons à ceux qui ont choisi d'en faire leur métier.

Mais nous serons là pour leur rappeler leur devoir premier : gouverner par le peuple et pour le peuple.

Le combat que nous mènerons n'est pas une lutte de classe. C'est une bagarre de rue avec la générosité et la compassion comme armes de poing. Il est urgent de s'engager dans cette lutte pacificatrice, sous peine que le pourrissement des valeurs essentielles à une société plus juste ne fasse, à plus ou moins long terme, le lit de l'ultraviolence.

La mission du D.A.R.D. est avant tout de rendre aux trois mots qui représentent notre république (Liberté, Égalité, Fraternité) la valeur réelle de leur signification. Davantage de fraternité, ce sera notre comportement altruiste. Davantage d'égalité, ce seront les propositions de lois nouvelles que nous imposerons dans le cadre de notre échange civique. Quant à la liberté, dans le même cadre, les suggestions d'abroger ou d'amender d'anciennes lois établies pourront peut-être nous aider à desserrer l'étau d'un État omniprésent qui nous contraint en tout.

Nous devons nous faire entendre dès maintenant parce que chacun de nos silences est coupable. La tâche s'annonce longue, semée d'embûches, et apparemment irréalisable. Les résignés de tous bords nous asséneront leurs certitudes d'un monde où le pire est invincible. Mais rien ni personne ne devra nous décourager, parce que le paradoxe qui suit est pour moi celui qui convient le mieux à la situation.

Aujourd'hui seule l'utopie est raisonnable !

Cet appel n'a rien de solennel, ni de mégalomane. Je ne prétends être ni un apôtre ni un sauveur providentiel. Je suis juste un artiste populaire qu'une foule de gens (et même dans mon entourage le plus proche) essaie de dissuader de se lancer dans une telle aventure. Chaque jour, on m'abreuve, au mieux de mises en garde, au pire de railleries désobligeantes. Le « tu te prends pour qui ? » est la tentative de découragement la plus fréquente.

Il est vrai que je n'ai pas plus de légitimité ni de compétences qu'un autre, mais ma volonté est inébranlable. Et je ne me prends que pour ce que je suis : un citoyen responsable qui, grâce à son statut médiatique, a la chance d'avoir une tribune, et qui a l'intention de l'utiliser sans réserve pour parler au nom de ceux qui n'en ont pas.

Il est évident qu'on ne manquera pas de dénigrer le bien-fondé de mon combat altruiste au seul fait de mon appartenance à un milieu social où l'existence est plutôt confortable et aisée. Je ne peux objecter à cela que l'évidence : oui, je m'estime privilégié et mes fins de mois ne sont pas difficiles. Oui, même si je la croise souvent, je ne suis pas en contact permanent avec la précarité que je dénonce.

Mais je fais vivre beaucoup de gens, et même si je ne souhaite pas les étaler par décence, mes générosités sont réelles et fréquentes. De plus, ce que j'ai acquis ne l'a jamais été au détriment de quelque dignité humaine que ce soit. C'est mon travail et lui seul qui m'a permis de m'offrir ces avantages.

Mon propos ne sera d'ailleurs jamais de fustiger la réussite et le profit que l'on peut en tirer. Le mérite doit être récompensé à sa juste valeur. Ce ne sont que l'égoïsme aveugle, les bénéfices sans foi ni loi, le mépris de ceux qu'on exploite que je compte dénoncer ici. Ces travers n'ont jamais été les miens. Et mon cadre de vie ne peut en aucun cas enlever quoi que ce soit à mes indignations, et à ma volonté de me battre pour les moins chanceux. Au contraire, dans ma situation, c'est l'indifférence et l'inaction qui seraient coupables.

Ce sont la résignation des êtres en souffrance que j'ai croisés, et le désarroi que j'ai lu dans leurs yeux, qui ont dicté ma décision de m'investir dans ce combat pour un sursaut citoyen. La conscience que mon pays est en train de glisser vers l'irréversible, et qu'il serait irresponsable et surtout particulièrement lâche de léguer ça à mes enfants, m'a inspiré le reste. Je ne souhaite être que le déclencheur, celui qui allume la mèche. La suite vous appartiendra. Mais si mon action peut aider, au minimum, à une prise de conscience de quelques-uns, j'en serai satisfait.

Nous sommes cernés de murs. L'intolérance, la cupidité, l'exploitation, nous bouchent chaque jour un peu plus la vue. On m'a dit qu'il était vain, ridicule et stupide de vouloir s'attaquer à une telle forteresse. Mon engagement apparaît microscopique au regard de l'immensité de la tâche, mais j'ai l'intime conviction qu'il faut tenter quelque chose. Et qu'il faut le tenter maintenant. Je suis certain, comme le dit le proverbe : « Ne pas essayer n'est se tromper qu'une seule fois. »

L'écho fait à ce document ne sera peut-être qu'infime.

Qu'importe, ce sera déjà ça !

Mais j'ai la prétention d'y croire, et l'humilité de connaître exactement ce qu'il représente : même pas un pavé dans la mare.

Juste un caillou.

Est-ce suffisant pour convaincre la majorité d'entre vous de bousculer l'ordre établi ?

Sait-on jamais ?

Et si ce petit bruit de surface était le signal de départ du grand nettoyage, pour tenter de débarrasser le fond de notre pays de la vase qui le pollue ?

UNE NUIT… À PARIS

Au début, au loin, là-bas au bout du pont, je ne distinguais pas si c'était un homme ou une femme qui se débattait entre deux ombres. J'ai accéléré, et, arrivé à leur hauteur, j'ai baissé ma vitre.

– Vous avez besoin d'aide ?

– Non, me répondit un des deux hommes qui tentaient de calmer la jeune femme, on s'en occupe.

Elle hurlait, en tentant vainement d'enjamber le parapet :

– Laissez-moi… Je peux plus… Je veux plus… Laissez-moi sauter.

Elle était en habit de galère, le cheveu long sale. Son visage se déformait atrocement à chaque cri…

– Lâchez-moi… Je veux ma fille… Ma maison…

Encore quelques petits soubresauts et elle a glissé au sol, inanimée… Juste avant de s'immobiliser, je l'ai entendue geindre :

– Salauds de flics !

Ils venaient justement de se garer et se précipitaient pour la secourir. Ils me firent signe de circuler.

Pas un mot jusqu'au feu rouge suivant, puis mon passager laissa tomber :

– C'est triste.

– Ouais, murmurai-je.

En plus, elle insulte les policiers qui viennent l'aider.

– T'as raison, on ne se comprend plus.

Encore un bout de chemin en silence jusqu'au feu rouge suivant.

– Je sais ce que tu penses, me dit le passager, sans me regarder… Mais tu sais, c'est pas forcément parce qu'elle n'a plus une thune, ou qu'on l'a virée de son boulot. C'est peut-être un chagrin d'amour tout bête.

– Peut-être, oui, mais c'est de la détresse.

– Excuse-moi, mais moi qui rentre d'Afrique, je peux te dire que la « vraie » détresse, c'est pas ça.

Et j'eus droit pendant tout le reste de la route aux abominations tribales, aux ravages des maladies, à l'excision, à la faim, à la prostitution pour survivre, à toutes les catastrophes atmosphériques et humanitaires… J'ai déposé mon passager devant son immeuble, en face de la tour Eiffel scintillante, juste après qu'il m'eut décrit le regard impitoyable des enfants guerriers. Avant de claquer la portière, il m'a gratifié de son dernier conseil :

– T'emballe pas Patrick, t'as rien à y gagner, et puis, comparé à toutes les saloperies qui se passent dans le monde, on est pas si mal que ça, en France.

La lapalissade de la bonne conscience : « On n'est pas les plus malheureux puisqu'il y en a qui sont plus malheureux ! » La belle évidence. Le constat imparable. C'est vrai qu'on n'est pas si mal que ça, chez nous. Libres, déjà. De parler, d'écrire, de manifester, d'entreprendre. Et puis la protection sociale est certainement une des plus efficaces du monde. On ne torture pas, on n'emprisonne pas les opposants au régime. L'insécurité n'est réelle que dans certains quartiers, et encore, elle est relativement bien contrôlée par une police un peu débordée certes, mais bien organisée. En tout cas, c'est ce qu'en dit la télévision ! La télévision, justement, elle est variée, riche de débats quotidiens où tous les partis politiques, toutes les opinions, peuvent s'exprimer… En principe… Et puis la chance, l'incommensurable chance de n'être jamais touchés par un typhon, un tsunami, une pandémie incontrôlable. Franchement de quoi se plaint-on ? La dernière guerre remonte à si loin.

J'ai rattrapé mon passager sous le porche de son immeuble. Je lui ai exposé mes convictions, la sincérité de mon engagement. Il m'a écouté sans m'interrompre, puis m'a invité à m'asseoir sur un rebord de pierre, et m'a dit :

– Regarde la tour Eiffel comme elle est belle vue d'ici. Va la voir de près, c'est de la ferraille, des boulons, un piège à touristes, et un tremplin pour suicidés. Faut jamais s'approcher trop près, Patrick, on est toujours déçu !

– Je m'en fous de ta tour Eiffel ! Je sais que ce que j'entreprends peut paraître illusoire. Je sais que c'est un travail de fourmi pour un combat pratiquement perdu d'avance. Mais j'ai cinquante-six ans, je suis populaire et j'ai accès aux médias. Je suis insoupçonnable sur ma conviction et sur ce qu'elle défend, ça fait des années que je tiens le même discours. Je pense avoir les moyens de rassembler autour de moi tout un tas de gens qui croient que le pouvoir de l'amour doit être plus fort que l'amour du pouvoir.

– Jolie, ta formule pour les gogos ! Écoute, Patrick, si tu veux t'engager, c'est ton droit le plus absolu. En plus, je te connais bien, je sais que tu es sincère. Mais si tu me permets encore un conseil : pense d'abord à ta gueule ! Tout va bien pour toi, tu as tout à y perdre… Je les connais, ils vont te laminer. Tu n'es pas de taille. Et puis pour changer quoi ? La misère du monde n'est pas de dimension humaine. Tu vas leur parler de dignité humaine, de respect ? Rêveur, va ! C'est de l'argent qu'ils veulent, du blé, du carbure, rien d'autre… Parce que le pognon, ça achète tout. Pourquoi tu crois qu'ils jouent tous au loto, ces cons ? Toutes les semaines une poignée de gagnants et une multitude de perdants. Laisse-les se faire baiser, ils aiment ça ! Le vrai fric, ils l'auront jamais, puisque la minorité qui les plume tient tout : leurs patrons, leurs banques, leurs médias. Et puis la détresse dont tu parlais, ces mecs de là-haut, ils l'entretiennent, mon pote ! La minorité sans toit, sans bouffe, sans dignité comme tu dis, c'est leur meilleur rempart contre la rébellion. Tu ne peux pas gueuler trop fort tant que tu n'es pas le dernier. Alors pour se protéger des avant-derniers qui, eux, sont très très nombreux, ils s'arrangent pour que les lanternes rouges restent bien en queue de peloton.

Et on a parlé comme ça pendant une heure… Et puis je suis rentré rejoindre ma femme et ma fille dans ma maison de Boulogne, bien au chaud.

Bien sûr qu'il a raison, mon passager. Et quelle légitimité ai-je ? Bien sûr, je viens d'en bas. Bien sûr j'ai tout construit entre blessures et coups du sort sans jamais écorner mon intégrité. Bien sûr, au quotidien je l'applique du mieux que je peux, ce respect des autres. Bien sûr, je n'ai jamais fait passer le profit avant l'humain. Bien sûr, autant je suis résistant à mes propres maux, autant je ne supporte pas la douleur des autres… Mais je suis pétri de défauts, accroché à mon confort, incompétent dans tant de domaines. Et intellectuellement tellement insignifiant par rapport aux grands esprits de ce monde. Et je sais bien que ma compassion n'est pas suffisante pour m'inspirer même le quart du dévouement d'une Mère Teresa. Alors, on fait quoi ?

Une petite voix me chante ma chanson :

– Ah, si tu pouvais fermer ta gueule !

Et une autre lui répond :

– Non… En aucun cas.

POURQUOI EN EST-ON ARRIVÉS LÀ ?

Depuis quelques années, les couches traditionnelles de la société française se sont modifiées en profondeur. Celle d'en haut s'est resserrée en nombre. Beaucoup, les plus honnêtes, sont descendus d'un étage. Elle a accueilli en revanche quelques nouveaux arrivants de la société du spectacle et de la finance, producteurs, sportifs, hommes d'affaires et entrepreneurs sans états d'âme qui ont fait du profit le but absolu de leur existence.

Pour le reste, inamovibles, les grands capitaines de l'industrie, des banques et des assurances, les superpatrons des entreprises de distribution et de communication, les fortunes de famille, et les faiseurs d'argent avec l'argent ont, non seulement conforté leurs privilèges, mais de plus, mis à leur botte les décideurs politiques pour établir définitivement leurs empires à l'abri de toute velléité de renversement. Intouchables et cyniques, ils n'ont qu'un objectif : conserver leurs acquis, et si possible les augmenter au mépris total de ceux qui les engraissent soit par leur travail, soit par la consommation qu'ils leur imposent.

La couche d'en bas, elle, s'est substantiellement « enrichie » de laissés-pour-compte, d'intellectuellement ou physiquement limités, d'immigrés, de handicapés et surtout des plus faibles de la couche moyenne qui se sont laissés glisser par abandon ou résignation. Ce sont tous des fils de la détresse, privés souvent du minimum vital. Ils ont froid l'hiver, faim en toute saison et cherchent pour la plupart un toit décent. Leur présentation physique et leur fragilité morale leur ferment systématiquement la porte de tout emploi dans lequel ils trouveraient une occasion de s'inscrire à long terme. Ils sont étrangement à la fois notre honte et notre consolation. Celle de ne pas encore être des leurs.

La couche moyenne s'est unifiée brutalement. Aujourd'hui, un médecin n'est pas forcément plus sûr de son avenir qu'un ouvrier. Cette majorité silencieuse est avant tout un conglomérat de consommateurs à qui l'air du temps, par médias interposés, dicte chaque jour les goûts et les coutumes. En quête permanente du moindre euro supplémentaire pour son mieux-vivre, elle moutonne sans oser se permettre le moindre sursaut, de peur de perdre une situation moyenne que les politiques leur font passer pour un privilège.

Manipulés par la peur et la résignation, les gens de cette classe-là font de plus en plus figure de troupeau. Mais paradoxalement, ils sont de plus en plus éloignés les uns des autres. Tous les produits de consommation nouveaux, tous les discours les poussent à la solitude. Aujourd'hui chacun a ou veut son portable, chacun veut disposer du film pour soi, à la maison, par télévision ou DVD. On tente de s'aimer par Internet, seul, devant son clavier. Les mesures liberticides, prétendument sanitaires, vident peu à peu les bars où l'on fumait, les restaurants où l'on buvait. On y parlait aussi, et c'est surtout ça qui effraie les politiques dominants et leurs amis marchands.

De tout groupe peut naître la force, la lucidité de refuser d'être à la fois consommateur et consommé. Alors vite, isoler chacun de nous ! Nous désintéresser des autres en mettant notre seule personne au cœur de nos préoccupations. Ceinture, patch, régime, vaccination, restriction de ci, interdiction de ça, chacun est encouragé à d'abord prendre soin de lui-même. Et pour bien verrouiller l'affaire, chaque jour, les médias, complices volontaires ou non, distillent en boucle des sondages alarmants, des peurs nouvelles, pour inciter chacun à se calfeutrer chez soi. Et le constat est terrifiant :

Nous sommes de plus en plus nombreux et de plus en plus seuls !

La peinture que je viens d'esquisser des trois couches de notre société est trop concise et bien réductrice, j'en conviens. Mais il s'agit de cerner, pas de détailler, ce serait beaucoup trop long. Reste que la question est inévitable : pourquoi nous sommes-nous tant éloignés de l'essentiel ?

En premier lieu, nous avons beaucoup trop délaissé l'éthique, cette valeur immatérielle qui construit toute société viable et que nos élus et nous-mêmes bafouons chaque jour. La « main de Thierry Henry », lors du match de qualification pour la coupe du monde de football, est le symbole récent le plus spectaculaire de cet abandon. Même si en soi, ça n'est pas si infamant en regard de toutes les injustices qui nous entourent. Thierry Henry n'est surtout pas un monstre. Et finalement, ce n'est que du foot ! Mais, sous les yeux de nos enfants et de toute la planète, les dirigeants de ce sport et ceux du pays ont cautionné la victoire du profit sur l'éthique, de l'intérêt sur l'honneur.

– Pourquoi vous m'emmerdez avec votre morale, le principal, c'est d'y être, à la coupe du monde, non ?

Ainsi parlait un responsable au soir de l'incident, sans mesurer une seule seconde l'impact désastreux de ses propos. Il ne s'agit pas de morale, il s'agit d'exemplarité. L'apaisement de notre société ne peut passer que par la quasi-infaillibilité de ses modèles. Il n'est pas question d'exiger la perfection de nos icônes, elle est irréaliste, mais chaque personnalité publique et représentative se doit de projeter une image la moins barbare possible. Notre société se délite par trop de manquements à l'honneur. La tricherie et la trahison érigées en valeurs porteuses de réussite est un concept dévastateur. L'impunité est la porte ouverte à tous les abus.

« On fait des lois, à quoi ça sert, si c'est pour pas les respecter ? » lançait Gabin dans *La Traversée de Paris.* Il y a des milliers de lois édictées par les hommes pour tenter de vivre en bonne intelligence. Elles sont écrites, votées, respectées ou bafouées. Ce sont les lois avec leurs cortèges de bienfaits ou d'injustices. Elles sont d'encre, de papier seulement. Pour moi ce ne sont pas des fondements, juste des pare-feu.

Les lois fondamentales ne sont inscrites nulle part ailleurs que dans nos consciences. Il en est une qui, me semble-t-il, devrait être la première à réguler chacun de nos comportements : « Nous sommes l'autre de chacun, le respect que l'on nous doit est celui que nous devons offrir à tous. »

Nous en sommes arrivés là parce que nos prétendus « exemplaires » sont, pour la plupart, en carton-pâte. Et parce que nous, moutons, craignons en revenant à l'éthique de ne plus avoir la possibilité de nous repaître à foison. Voyez cet homme d'affaires roué, filou, menteur qui parade sur son trois-mâts, bronzage au vent entouré de sublimes créatures ! Voyez la star dédaigneuse tout auréolée de ses combats humanitaires mentis ! Voyez, même au royaume des sans-grade, le sous-chef ordinaire paré de son orgueil de paon, qui ne pense qu'à conserver sa place à coups d'humiliations et d'abus de pouvoir quotidiens ! C'est ça, le rêve français ? C'est ça, le saint Graal ? J'ai la faiblesse de penser que la majorité d'entre nous ne s'accommode pas du tout de cet idéal-là. La réussite, d'accord, mais pas à n'importe quel prix.

L'honneur, le désintéressement, la droiture ne sont plus « mode » ?

Soit ! Alors, remettons-les au goût du jour.

Nous en sommes arrivés là parce que nous avons rangé nos consciences au placard. Nous nous sommes asservis par paresse. La solution n'est pas, dans un premier temps, de moraliser ceux qui nous manipulent. Elle est d'abord de nous contraindre nous-mêmes. À plus d'attention à l'autre, à un comportement quotidien plus respectueux et plus digne. C'est simple comme un bonjour, un sourire, une main tendue. Ce n'est pas de l'angélisme, ce sont les piliers indispensables de la construction du reste. Si on veut mener efficacement le combat contre les abus de pouvoir des banques, des multinationales, des grands groupes et de toutes les dictatures financières, politiques et idéologiques qui nous asservissent, nous nous devons d'abord d'être, sinon exemplaires, du moins animés de la réelle volonté de nous améliorer chaque jour.

Nous en sommes arrivés là, en tout premier lieu par la faute de nos propres faiblesses, d'un individualisme dans lequel nous nous sommes complus. Le bien-fondé de nos gémissements n'excuse pas notre apathie. Il faut nous secouer. Il est bien plus fastidieux d'aller décrocher un à un les fruits pourris d'un arbre que d'en ébranler le tronc pour les faire tomber. Nous sommes le cœur du bois, la sève et la base. La prise de conscience de notre force est l'acte premier. Le tremblement est le second.

Le reste suivra…

Forcément.

Je ne suis pas naïf, cet assainissement, s'il se matérialise, n'éradiquera pas le fléau dominant qui gangrène chaque jour un peu plus notre société : l'extrême violence. Elle est partout, dans la rue, dans les films, à la télévision, sur les stades, et même dans les familles qui se déchirent ou les entreprises qui sacrifient la dignité au nom du dieu profit. Le banditisme, lui aussi, est passé à la vitesse supérieure. Les agressions se multiplient, des bandes nouvelles se créent, le trafic de drogue a envahi même les campagnes reculées et les voyous attaquent les convois à l'arme de guerre.

Sale temps pour les honnêtes gens !

Reste un espoir : retarder le chaos. En tout cas, tout faire pour stabiliser ce qui peut encore tenir en équilibre. Et espérer. Nous dépendons d'un ordre mondial totalement à la dérive. Seule une prise de conscience des « maîtres de l'univers » peut influer vraiment sur la refonte de nos valeurs essentielles.

Alors en attendant mieux, accommodons-nous, et à défaut d'améliorer le monde, tentons d'améliorer le nôtre !

POURQUOI EST-IL URGENT D'AGIR ?

Ça presse !

Enfin, je veux dire : ça « urge » et ça écrase !

Ça enserre, ça étouffe, ça paralyse ! L'anesthésie est générale.

La télévision a remplacé les conversations d'arrière-salle, à cette différence essentielle : on ne peut ni lui couper la parole, ni débattre avec elle. Elle informe, distrait, instruit, c'est sa face lumineuse. Mais elle ment, triche manipule et surtout endort. Nous croyons la regarder quand c'est elle qui nous zappe. Sa publicité n'a qu'un but : nous rendre indispensables des produits dont on peut parfaitement se passer. Son exemplarité est catastrophique. Les fictions nous imposent plus de cent meurtres par jour, toutes chaînes confondues. Tuer son prochain est devenu un acte courant, ordinaire, presque anodin.

Et s'il n'y avait que la violence ! La « télé-providence » déborde de centaines de jeux, pièges à gogos, somnifères élémentaires, où l'on fait miroiter la fortune miraculeuse à des individus dont le seul talent aura été de tirer le bon numéro. Quelle est la capitale de la France : Paris ou New York ? Envoyez vos SMS, vous serez tirés au sort pour gagner mille euros. Et, après ça, allons expliquer la valeur du travail à des enfants formatés par la promotion quotidienne d'un gain sans effort ni mérite ! Encore l'exemplarité.

Et n'oublions surtout pas cette nouvelle télévision, dite « réalité », dont le but mercantile avoué exploite à l'infini ce que l'âme peut avoir souvent de plus vil. Il n'est pas question de morale, mais de propagande nocive. On réglemente la publicité pour l'alcool et le tabac, pourquoi ne pas réglementer aussi celle faite à la bassesse des sentiments ? Sa nuisance est au moins aussi grande.

Endormissement, délation publique, négation du mérite, les dégâts cathodiques sont effroyables. Bien sûr la télévision n'est pas le centre de tout, et beaucoup ne s'y repaissent pas que de ses manipulations et de ses indécences. Mais elle est omniprésente dans la vie de chaque Français (en moyenne, plus de quatre heures par jour). Et les politiques de tous bords, dont je parlerai plus loin, en ont compris l'indispensable soutien à leurs desseins électoralistes.

Alors, la télévision coupable de toutes nos dérives ? Bien sûr que non. Il y subsiste encore quelques espaces de liberté. Mais avant que les « grands manipulateurs » ne la squattent totalement, il me paraît urgent d'y imposer par décret, une charte de conduite responsable qui fixerait les codes éthiques de ceux qui la font pour le respect de ceux qui la regardent.

Certains penseront que la création d'une telle charte n'est pas primordiale dans « l'urgence à agir », qui constitue le thème de ce chapitre. Ils auront raison. Mais, dans cette démonstration générale, j'ai commencé par cela, parce que, étant à la fois spectateur et acteur de cette télévision, je souhaitais exposer d'abord mes constatations dans un domaine où personne ne peut me nier une parfaite légitimité.

Il est urgent d'agir parce que la période que nous traversons est certainement celle de toute notre histoire où le nombre des suicides sera le plus élevé. C'est un constat simple, irréfutable, et dramatiquement significatif. Hommes, femmes, jeunes, vieux, pauvres ou parfois presque, et même riches, décident qu'ils ne peuvent plus supporter « ça ». À bout de forces, d'espoir, de moyens ou simplement à bout d'ennui, qu'est-ce qui peut pousser un être humain à décider de se passer de son bien le plus inaliénable : la vie ? On connaît la plupart des éléments de réponse : la solitude, la dépression, l'inactivité, le dégoût de soi.

C'est justement là où l'urgence a toute sa raison d'être : nous sommes tous responsables du suicide d'un de nos semblables. Tous. À des degrés divers, mais tous. Et tant que nous n'aurons pas intégré cette responsabilité commune, la situation ne pourra qu'empirer. Alors, il faut agir. Encore une fois sur notre propre indifférence d'abord, et ensuite contre cette catégorie d'hommes sans scrupule qui par leur désir de toujours être les plus forts sacrifient les plus faibles, en les poussant au désespoir. On ne se suicide pas seulement d'une balle dans la tête ou en sautant d'un pont. On boit, on se drogue, ou on « lâche la rampe » parce qu'on ne peut plus suivre la cadence imposée. C'est souvent là que la maladie nous rattrape ou que la détresse éteint nos forces vives et nous fait partir avant l'âge.

Il est urgent d'agir parce que près de dix millions de Français en situation précaire constitue un constat inacceptable. Et cette précarité n'est pas seulement matérielle. Le déficit d'amour qu'on leur porte leur est tout aussi préjudiciable. Parce qu'il s'agit de ça aussi, pour ne pas dire surtout. L'amour est le seul contrepoids à l'injustice qui pourrit notre société. C'est à partir de lui, et de lui seul, que nous pourrons mettre en place le reste, et peut-être désamorcer une flambée de violence qui me paraît quasi inévitable.

Tous les abus de pouvoir, tous les désespoirs absolus ont fait tôt ou tard le lit des terrorismes. Pourquoi voulez-vous qu'on y échappe ? Mon but n'est pas d'être absolument alarmiste, mais, même si tout est fait pour masquer le bouillonnement qui s'amplifie, au jour d'aujourd'hui, pour certains de plus en plus nombreux, l'explosion violente et totale apparaît comme le seul recours à leur abandon. Et c'est d'abord pour cela qu'il est urgent d'agir.

La frustration, la colère, la haine ont remplacé dans le cœur de la plupart de ces oubliés leur nature première qui ne se nourrissait pas forcément de ces sentiments exacerbés. On voudrait nous faire croire que cette violence à fleur de peau n'est qu'une excuse à leur comportement primaire et paresseux, à leurs excès en tous genres, à leurs limites intellectuelles, ou à leur appartenance ethnique.

Combien de fois ai-je entendu dans les dîners de « gens bien » : « Quand on veut vraiment bosser, y a du boulot pour tout le monde ! »... « Avec les allocations qu'ils prennent, ils préfèrent jouer aux cartes ! »... « Ils n'ont peut-être pas assez à manger, mais t'inquiète pas, ils ont la télé et le portable ! »... « Quand on a pas les capacités de gagner plus que le SMIC, on s'arrange pour vivre avec ! »... « Le monde évolue, il faut savoir évoluer aussi ! »... Et bien sûr, l'inévitable : « Qu'ils aillent voir ailleurs, ils s'apercevront qu'on est pas si mal que ça ici ! »

J'ai vraiment entendu ces phrases au hasard de conversations avec tout ce que j'ai pu fréquenter de patrons d'élite, d'entrepreneurs brillants, de décideurs médiatiques ou autres philosophes de cafés branchés. Le pire, c'est que je les ai aussi entendues dans des bouges de nuit, aux buvettes des stades et au cours de repas tout simples avec des amis de la vie ordinaire. Tout n'était pas forcément faux et ceux qui le disaient n'étaient pas tous des cyniques sans scrupule. Mais tous avaient oublié pour un instant ou pour toujours que ça n'arrive pas qu'aux autres. Qu'un deuil, un divorce, une faillite, une incapacité physique peut plonger chacun de nous dans un gouffre sans fond si aucune main ne vient attraper la nôtre.

Il est urgent d'agir parce que, comme dans les violences faites aux femmes, il ne faut pas laisser « le monstre » s'accoutumer à la persécution. Pour moi, nous avons atteint le point de saturation. Notre complaisance envers les « saloperies » établies est non seulement coupable, mais complice. Remettre à après-demain ce que l'on devrait faire aujourd'hui est irresponsable.

Bien sûr les apôtres du « tout ne va pas si mal » nous prêchent chaque jour qu'il est urgent d'attendre, que tout ne peut être parfait. Mais les délocalisations piétinent les dignités humaines. Les médias formatent nos enfants au cynisme et à la guerre. Les banques ne possèdent pas que notre argent, elles ont fait main basse sur nos existences. Il est temps de commencer à vivre « cash » et pas à crédit. Les divorces, les crimes, les dépressions et même certaines maladies incurables ne sont pas uniquement dus à des faiblesses individuelles. Il faut tenter de nous immuniser contre le virus d'une société où le manque de considération de l'autre contamine tout.

Un enfant est mort d'une méningite parce que le médecin n'était pas revenu à temps de sa partie de squash. Un autre a tué sa petite sœur pour faire comme dans le jeu vidéo. France Telecom est leader sur le marché… des défenestrés. Mais Christine Lagarde a été élue meilleur ministre des finances d'Europe, Rama Yade est très jolie, Éric Besson a enfin fait la couverture d'un grand hebdomadaire d'opinion et Jean-Louis Borloo a remis sa tournée. Ils étaient tous très émus, le 11 janvier 2010 à l'enterrement de Philippe Seguin, un des leurs. Il n'y avait personne, le même jour, derrière le cercueil de Jean-Paul Dumont, mort de froid dans une rue de Paris, un des vôtres.

Pourquoi est-il urgent d'agir ?

Parce qu'il est assassin d'attendre.

Et que pendant ce temps, le monde produit, produit et surproduit… Il faut tracer la route. Qu'importe si beaucoup restent sur son bord !

« On n'arrête pas le progrès », dit l'adage.

Et pourquoi pas ?

Et pourquoi ne ferions-nous pas une pause, au moins ?

Le temps d'évaluer les dégâts et de ramasser les blessés.

Il est urgent d'agir parce qu'il y aura des morts.

C'est logique.

Ce qui ne le serait pas, c'est qu'il n'y ait plus personne pour les enterrer.

POURQUOI FAUT-IL AGIR HORS DES PARTIS POLITIQUES ?

Je ne dis surtout pas : « Tous pourris ! »

Mais je dis : « Tous nourris ! » Parfois juste bien. Parfois trop, indécemment trop. Il m'est arrivé d'aller manger quelquefois dans un ministère. De foie gras en volaille fine, j'y ai quasiment toujours trouvé, dans un décorum luxueux, des menus dignes des plus grands chefs étoilés. Un serveur pour apporter le café, un autre pour apporter le sucre ! Mon estomac a applaudi, pas ma conscience. Ce n'est pas du « populisme à deux balles », mais, encore une fois, une question d'exemplarité. Dans d'autres pays (Suède, entre autres), des cafétérias suffisent.

Ce n'est pas bien sûr en réduisant les frais de bouche de l'État qu'on nourrira les plus pauvres, mais l'honneur, au moins, serait sauf. La classe politique tout entière n'est pas logée à cette enseigne trop lumineuse, mais réduire les brillances gouvernementales de ce faste mal venu me paraît impératif. On peut ajouter à cette boulimie permanente de luxe de nos hauts dirigeants : les innombrables voitures de fonction, voyages de fonction, logements de fonction, voire parfois maîtresses ou amants de fonction dont ils abusent sans aucun état d'âme.

Évidemment, les élus « d'en bas », maires, conseillers de toutes catégories se satisfont de bien moins. En outre, ceux-là mettent vraiment les « mains dans le cambouis », selon une expression qu'ils adorent rabâcher, avec raison d'ailleurs. Mais il n'est quand même pas si subversif que cela de poser la question : est-ce que la conscience d'être utile à la communauté est la seule motivation réelle qui pousse un être à se présenter à un scrutin ? Je pense que non.

Dans des pourcentages allant de un à cent parfois, toute personne désirant être élue va aussi chercher une petite considération personnelle pour les plus purs, et un bon moyen de se gonfler les poches et l'orgueil pour les plus malhonnêtes. C'est ainsi depuis toujours, et dans le monde entier. Changer « ça » est irréalisable et même pas envisageable. L'atténuer me paraît bien utopique. Essayer autre chose pour le bien du citoyen sans passer par la case « élection » est une autre voie. Elle est ardue, délicate, complexe mais mérite au moins d'être tentée. C'est cet autre « ça » que je propose.

Toutes les diatribes électoralistes débordent de sincérité et de promesses. Mais elles sont voilées d'une arrière-pensée récurrente : gagner. Et pas nécessairement faire gagner la communauté, faire avant tout gagner son clan. Et faire accéder ainsi tous les membres de ce clan au poste, au siège de décision ou d'assistance à la décision, donc au pouvoir absolu. Et en ligne de mire, avouée ou non, il y a l'envie de disposer, le temps du mandat, des privilèges de ce pouvoir : la griserie du commandement, la jouissance de l'autorité incontestée, l'attribution de subventions bienveillantes à des amis de toujours, le renvoi d'ascenseur obligatoire puisqu'il fallait bien être soutenu pour monter « là-haut ».

Et l'idéal dans tout ça ? Bien sûr qu'il est là, souvent tout près, parfois plus loin, quelquefois, hélas, invisible. Dans tous les cas de figure, un idéal ne ressort jamais intact de l'urne. Il est à la proue d'un navire de campagne. Une fois la vague vaincue, il lui arrive bien trop souvent de retourner dans les soutes. C'est ainsi, et c'est dans la nature humaine. Une fois l'acte consommé, pourquoi voulez-vous que les tourtereaux continuent à se faire la cour ? J'ai employé à dessein cette métaphore amoureuse pour nous amener à la motivation la moins avouée (mais pas la moins importante) de certaines volontés d'être élu : la séduction et tous ses corollaires. Le pouvoir est un aimant incontestable dans les relations intimes. Et ils sont tant à aller chercher, AUSSI, dans cet adoubement par le peuple, un moyen sûr de vivre des aventures sensuelles nouvelles.

Je les entends s'insurger :

– Comment osez-vous imaginer que notre engagement républicain puisse être motivé par des motifs aussi communs ?

– Parce que vous êtes communs, justement. Tout simplement humains. Et que ce n'est même pas un reproche, juste une constatation. Et puis, j'ai écrit AUSSI en majuscules pour que vous ne vous mépreniez pas. Je ne vous jette pas la pierre, juste une poignée de poussière. Je ne mets pas en doute votre volonté de contribuer à une société meilleure. Je prétends juste que c'est souvent pour vous le moyen de vous hisser dans le meilleur de cette société. Vous travaillez, soit ! Vous gérez. Vous décidez. Vous luttez. Vous vous exténuez parfois. Mais permettez-moi de mettre des bémols à votre dévotion. Et que ces bémols soient posés sur une portée de fils qui coud les décorations ou découd les jupes ou les pantalons, je n'ai pas envie de chanter cet air-là !

Cette figure de style quelque peu alambiquée se résume en deux mots : « Moi, jamais ! » Même si je prétends être leader de combat, je ne veux pas être ça. Je ne veux pas être élu par mes pairs. Je ne veux pas sabler le champagne un soir d'élection victorieuse parce que je suis heureux qu'on ait voté pour moi, en me réjouissant que ceux qui ne l'ont pas fait soient tristes. Je ne veux pas laisser en route même un centième de mon idéal. Je ne veux pas perdre mon temps dans des querelles d'ego pour savoir qui de celui-ci ou de celui-là est le plus apte à représenter mon parti. Je veux avoir des érections sélectives, pas électives. Je ne veux pas asséner des certitudes dont les seules qualités sont d'être contraires à celles de mon adversaire. Je ne veux pas calculer des alliances. Je ne veux pas serrer des mains sur les marchés à contrecœur.

Je les entends encore :

– Populiste, démagogique, et honteusement lyrique !

Et ils ajoutent même :

– Lâche, en plus ! Parce que c'est bien beau les critiques, les soupçons, mais « les mains dans le cambouis » (vous voyez, c'est récurrent), c'est quand même nous qui les mettons. On ne parle pas nous, on bosse !

– Oui, mais souvent mal. Et de plus en plus mal, au fur et à mesure que vous « montez en grade » ! Alors on veut vous obliger à bosser mieux.

Attention, il n'est pas question de prendre la place ! Ni même de la réclamer. En aucun cas un membre du rassemblement que je projette ne pourra se présenter à une élection au nom du D.A.R.D. Ce refus n'est pas motivé par une fuite des responsabilités. C'est juste une question de compétences et d'ambition. Et surtout parce que ce métier d'élu exige hélas, depuis toujours et dans le monde entier, des compromissions inévitables, inhérentes à la charge, qui ne me conviennent pas. Quand on sait que tenter de renverser un ordre des choses établi depuis des siècles serait bien trop long, autant ne pas perdre de temps. Il me semble plus raisonnable, vu l'urgence, d'utiliser ce temps précieux à tenter d'agir d'une autre façon. Donc, hors des luttes de partis.

La Constitution exige que les élus gouvernent PAR le peuple et POUR le peuple. Et il est établi par je ne sais quelle loi politique, convenue par tous, que la plupart des promesses faites PAR un candidat sont uniquement des leurres POUR son élection. (Selon les enquêtes, au bout de deux ans et demi de pouvoir, 90 % des promesses faites par le candidat Sarkozy n'ont pas été tenues.) Même s'il est de bon ton, comme au catch, d'accepter le « semblant » comme partie intégrante du folklore, mon attachement au respect de chacun me rend ces mensonges insupportables et inacceptables.

Le réquisitoire est sévère et bien naïf, je vous l'accorde.

– Tenir toutes les promesses ? me répliqueront-ils. Allons, soyez sérieux, c'est la règle du jeu. Depuis des siècles et partout dans le monde, comme vous l'avez souligné. C'est comme le loto. Il faut dire que tous les gagnants ont pris un ticket. Parce que c'est la vérité. Mais il faut éviter d'ajouter que tous les perdants aussi. C'est également la vérité, mais on n'est pas là pour les dire toutes, sinon on ne fait jamais rien… Les hommes politiques menteurs, tricheurs, corrompus ? C'est d'un manichéisme tout à fait irrespectueux, et on ne peut pas se targuer de respect universel et s'épancher dans un éreintement aussi simpliste.

– D'accord, mais une des ambitions du D.A.R.D. est de vous forcer justement à tenir TOUTES vos promesses, parce que c'est le moindre des respects pour ceux qui vous élisent… Pour le reste, je veux bien être deux avocats en un. Alors, la parole est à la défense !

Nos élus ont des compétences dans la gestion, dans le dévouement et dans l'action que je leur reconnais volontiers. Eux seuls, par leurs connaissances, leur culture ou leur expérience sont à même de mettre en place un système tendant à améliorer la condition de tous. Le principe démocratique les autorise à officialiser, selon leurs convictions politiques, les mesures pour lesquelles leurs partisans les ont plébiscités. Ils doivent faire preuve de sang-froid dans les circonstances graves, de maîtrise et de réactivité. Le poids de leurs responsabilités est écrasant et leur mission tient moins d'une occupation rémunérée que d'un sacerdoce. Leur tâche est souvent harassante et, à l'inverse de ceux qui ne font que juger, ils agissent et c'est là la première de leurs qualités. Voilà ! C'est trop bref, je sais, mais je n'ai rien trouvé d'autre.

Cela plaidé, la situation alarmante décrite dans le chapitre précédent exige que le peuple, tout le peuple, et non pas une partie seulement, soit pris en considération. Depuis des lustres, la gauche gouverne à gauche, la droite gouverne à droite, même si en cours de mandat, l'une et l'autre s'éloignent parfois de la ligne tracée. Mais c'est, le plus souvent, encore dans un but électoraliste. Il est d'ailleurs là le pire des inconvénients de la politique bipartisane établie : ne penser, dès le pouvoir acquis, qu'à le conserver.

La France vit depuis de trop longues années en campagne électorale permanente. Dans le face-à-face obligatoire gauche/droite. Comme le rouge et le noir au casino, le hasard en moins. L'urgence sociale et humaine demande à dépasser absolument ce clivage, ce yo-yo convenu, qui satisfait finalement les deux camps. L'un gouverne, l'autre espère. Et chacun existe, et, progrès oblige, passe à la télé, à la radio, et se répand dans toutes les presses pour « staracadémiser » sa vedette providentielle. Car depuis l'explosion de la puissance de l'image, ce petit jeu, jadis bon enfant est devenu un défilé médiatique incessant et indécent de « politico-rock stars », bardées de conseillers en communication cyniques et manipulateurs. Ils communiquent, oui, mais surtout entre eux. Mais c'est leur façon d'exister.

Pour résumer, et tant pis encore une fois pour l'accusation populiste de rigueur : ils en vivent, et le peuple en crève !

Pour toutes ces raisons, le D.A.R.D., rassemblement de pression et de propositions, compte imposer, hors des partis, par la puissance du nombre de ses voix potentielles, la réalisation effective d'une politique humaniste exécutée par les élus mais dictée par le peuple.

Ce peuple doit leur dire :

– Vous voulez le pouvoir ? On ne vous le donne pas, on vous le prête. Et si le respect et la dignité de l'être humain ne sont pas la priorité absolue de vos décisions, nous vous le reprendrons.

Comment le prêter et comment tenter de le reprendre ? Ce sera l'objet d'un chapitre à venir.

Le nombre de laissés-pour-compte, la conduite indécente de certains de nos gouvernants, leur complaisance à l'égard des dominants sans foi ni loi, l'apathie de toutes les oppositions traditionnelles imposent de s'organiser pour l'exécution de la symphonie nouvelle. Pour que les élus redeviennent ce qu'ils n'auraient jamais dû cesser d'être : des instrumentistes indispensables et accordés, et que le peuple retrouve la place qui doit absolument être la sienne : celle du chef d'orchestre.

Encore du lyrisme, mais il est tard. C'est la nuit. Et le temps que j'écrive ce chapitre, il y a eu, statistiquement, un suicide dans une ferme et un autre en prison. Vingt travailleurs ont perdu leur emploi, mais ils ne l'apprendront que demain matin. Dix personnes âgées sont mortes seules, abandonnées. Des centaines de mômes se sont défoncés par ennui ou désespoir à l'alcool ou à la came. La pollution chimique a tué une trentaine de poissons, un renard et la reine d'une ruche, mais bon, ce ne sont que des bêtes ! La dette publique s'est agrandie à la vitesse de l'éclair. Le CAC 40 a pris 1,25 point, enfin une bonne nouvelle. Il y a eu trois viols simples, deux tournantes (seulement), et cinquante agressions physiques. Mais, par bonheur, *Les Experts à Miami* a réalisé sur TF1 une des plus belles audiences de la saison. l'OM a gagné. Et enfin, et ça, c'est la meilleure preuve que tout ne va pas si mal : grâce, il est vrai, à une consommation record d'anxiolytiques (mais c'est le résultat qui compte), une majorité de Français dort paisiblement.

Ce soir, les hommes et femmes politiques de France sont intervenus simultanément plus de cinq cents fois, réunions et médias confondus, pour nous encourager à voter pour eux aux prochaines élections régionales

Tout ça sur fond de musique patriotique : *La Marseillaise.*

Y en a marre des marches funèbres, non ?

POURQUOI NOS SILENCES SONT-ILS COUPABLES ?

Il faut que la neige fonde.

Le pays est engourdi, recouvert d'une couche paralysante, qui, outre le fait qu'elle a figé tout ce qui pourrait fleurir, feutre tous les bruits de révolte pour n'en faire que d'imperceptibles crissements. Une manifestation entre Bastille et Nation, c'est deux minutes au journal de vingt heures, une demi-page dans les journaux, on range les banderoles et on rentre vite voir Lyon-Bordeaux sur Canal Plus. Crissement.

Les dirigeants de la planète se réunissent pour la sauvegarde écologique. Ils arrivent tous en jets privés bouffeurs de kérosène. Dîners de gala, hôtels de grand luxe. Matraquage en règle des opposants. Le projet pour la planète ? On verra plus tard, on n'est pas vraiment d'accord ! Et devant sa télé, on explose : « C'est bien la peine de dépenser tout ce fric pour ça. De toute façon, c'est injouable, il y a trop d'intérêts en jeu. » Et résignés, on zappe sur *Plus belle la vie*. « Poubelle la vie » ! Mais pas le moindre frémissement d'une véritable rébellion de masse. Et pourtant, l'écologie n'appartient pas aux écologistes, elle nous concerne tous. Pas une seule manifestation nationale pour dire : « Ce sont d'abord nos dirigeants qui nous polluent ! » Crissement.

Une femme dépressive au chômage a tué ses deux enfants. Un reportage de trente secondes sur la maison du drame et un témoignage de voisinage : « On aurait jamais imaginé, elle était si serviable »… Et le présentateur enchaîne sur le dernier défilé de haute couture avec le fameux : « Sans transition. » Il a raison, quelle transition peut-il faire ? Sinon : « Quittons ce drame social sordide dû à l'abandon d'une politique humaine déplorable pour rejoindre le luxe indécent et les ors de la tendance été. » On appellerait ça un dérapage et il serait viré. Crissement.

Le pédophile récidiviste a encore frappé. Et le constat habituel : la dignité humaine bafouée à tous les étages de la justice. Tous coupables ? Non. Plutôt tous victimes : le gamin victime du jour. Les victimes d'avant, enfants et familles, trahies par la libération de leur bourreau. Le coupable lui-même, victime pénitentiaire, martyrisé en cellule et même pas soigné, qu'on relâche avec une perversité augmentée du délabrement de l'univers carcéral et des mauvais traitements subis. Et les juges, insuffisamment nombreux, insuffisamment encadrés, victimes eux aussi d'un budget plancher, comme si la justice, pilier de la société, n'en était qu'une prothèse, un tuteur, un étai. (Le financement de la justice en France est deux fois moins important qu'en Allemagne. Six milliards d'euros contre douze. Et le nombre de juges est le même qu'au XIXe siècle.)

Et pendant ce temps, on peut lire dans les yeux de l'ex-ministre de la Justice, en couverture de *Gala*, l'insondable tristesse de s'emmerder au Parlement européen, et l'espoir quand même d'exister à nouveau sous les lambris de l'Hôtel de ville de Paris. Et, moi, j'attends vainement une indignation hurlée. Non… Rien. À peine quelques sarcasmes des humoristes en vogue. Et pas un militant de l'UMP ne déchire sa carte. C'est normal, l'enfant abusé par le pédophile n'était pas le sien. Crissement.

Et même moi. J'ouvre mon journal quotidien à la page télé. Un tic de priorité. Comme vous. Chacun son centre d'intérêt premier. Il m'arrive même de refermer ce journal sans m'être informé du reste. Comme vous. Comme nous tous, parfois. Le D.A.R.D. commence à m'améliorer. Vivement qu'il me transforme. J'écris au chaud dans mon bureau. Dehors, il fait – 3 °C. Le propriétaire a automatisé la porte d'entrée de l'immeuble pour qu'aucun SDF ne puisse squatter le hall. J'ai laissé entrouvert. Crissement. Crissement seulement.

Il faut que la neige fonde.

C'est quand le printemps ?

J'avais quatorze ans en mai 1968. Et voilà le « vieux con » qui va encore nous reparler de sa révolution manquée ! Mais non, bien sûr, on ne réécrit pas l'histoire. On en invente une autre. Surtout quand on voit ces leaders soixante-huitards rangés et bedonnants, incrustés à foison dans le système qu'ils dénonçaient. Pas de nostalgie donc, mais je ne peux m'empêcher de déplorer le quasi-néant idéologique de la jeunesse d'aujourd'hui.

Mais qu'est-ce que vous foutez ? C'est votre avenir qui se joue, celui de vos enfants. Et je vous vois résignés, scotchés à vos passe-temps électroniques, inquiets chroniques d'un futur qu'on vous rabâche des plus incertains, et vous assommant à la bière, au mojito ou au pétard en attendant que ça passe. Et encore, pour les plus éveillés. Les autres sont d'ores et déjà figés devant la télé-réalité en n'espérant qu'une chose : devenir riches et célèbres, comme ça, sur un coup de chance. Je caricature, bien entendu. Il existe une autre jeunesse, idéaliste, travailleuse, consciencieuse. Presque trop, même. Tellement consciente de la précarité de son avenir qu'elle s'abrutit à la tâche, avec une inquiétude hélas récurrente : « Pourvu que je m'en sorte ! ». Encore une fois la sauvegarde personnelle.

J'attends le « grand élan ». Malheureusement, il ne pointe même pas le bout de son nez. Et pourtant c'est bien à vous les jeunes de nous dire : « Fermez-la, vieux nazes ! Vous nous avez pourri la planète, vous radotez des théories usées. Allez, barrez-vous, on arrive. Nous, on va changer tout ça ! » Mais rien. Ou si peu. Quelques indignations écologiques parce que c'est la mode, quelques débordements de colère pour vandaliser sous cagoules, quelques indignations sur blog et rideau ! Ah, si, quand même ! J'oubliais les manifs pour la sauvegarde de l'enseignement. Mais ça reste du « chacun pour sa gueule ». On défend sa paroisse.

Vos silences sont coupables, les mômes ! Bien plus que les nôtres parce que c'est l'essence de votre âge de bousculer, de remettre en question, de transformer. Ce manifeste est une colère d'ancien jeune. Il est probable que peu d'entre vous y prêteront attention. Parce qu'il vient d'un « senior parvenu », saltimbanque hors mode de surcroît, et que vos convictions, d'après ce que j'en observe souvent, ne voient pas plus loin que le bout de vos « mobiles forfait-gratuit-24 heures sur 24 » !

Et si, au lieu d'écrire JTM, vous alliez vous le dire ? C'est trop loin ? Vous n'avez pas le temps ? Justement, vous l'avez, ce temps. Bien plus que moi. Alors bougez-vous ! Et si vous vous bougez déjà, bougez-vous plus ! On ne vous entend pas, alors qu'on ne devrait entendre que vous !

Il est fort peu probable que ces quelques lignes puissent réveiller qui que ce soit. Mais bon, je les ai crachées et c'est déjà ça. Elles attireront sûrement plus de sarcasmes que d'approbations. Et il est bien là le nœud du problème. Depuis que j'ai entamé ma croisade, je me heurte en permanence aux : « D'accord, mais ça ne marchera pas ! »… « T'as raison, mais ça sert à rien ! », et surtout à l'inévitable : « oui, mais ! ». Ce satané « oui, mais ! » qui devrait être banni de la langue française.

Nous en crevons tous de ce « oui, mais ! », qui détruit tout dans l'œuf, et qui non seulement ne nous permet pas d'avancer, mais nous fait reculer à grands pas. Nos indignations restent coincées aux bars, aux tables des cuisines familiales ou des restaurants, aux machines à café. Et dès qu'il est question d'agir vraiment, le « oui mais ! » rapplique et renvoie chacun à son train-train. « oui, mais j'ai ma vie »… « oui, mais c'est trop difficile »… et surtout « oui, mais tu connais pas les gens, ils sont comme ça, ils bougeront pas ! ». Mais, putain, les gens c'est nous ! Cette passivité me révolte tant que je n'ai pas pu m'empêcher de la ponctuer d'une interjection grossière. J'ai aussi écrit « putain », parce qu'il est temps d'avoir un langage plus agressif. Pas obligatoirement vulgaire, mais simple, sans les précautions d'usage qui à force de tiédeur noient tout dans le consensus mou.

Nous sommes submergés d'observateurs qui analysent et qui débattent. J'assimile cette coutume démocratique de bon ton à du bavardage insipide et complice. Les débats ne servent la plupart du temps qu'à mettre en valeur la justesse de réflexion et l'ego intellectuel de chaque interlocuteur. Je débats, donc, je suis ! Désolé, mais la dignité humaine ne se débat pas, elle s'impose. Et si on n'arrive pas à l'imposer, elle se hurle. Et nous avons tous le devoir de hurler.

Un toit et de la nourriture pour tous, ça ne se débat pas ! L'aide prioritaire aux malades et aux handicapés, ça ne se débat pas ! La fin des abus financiers indécents des superpatrons, ça ne se débat pas ! L'éradication de la corruption politique, ça ne se débat pas ! Le droit de chaque individu au respect et à la dignité, ça ne se débat pas !

Tout ça doit se hurler, à chaque fois que l'occasion nous en est donnée. Quant à la complicité nauséabonde de certains médias, elle est aussi « non débattable », mais surtout inadmissible. Ceux-là sont les pires diffuseurs de l'obscurantisme dans lequel les pouvoirs nous enferment. Je ne le prône pas, bien sûr, mais imaginez un mois entier, sans presse, sans télévision ni radio. Totalement désinformés. Je suis certain que nous finirions tous dans la rue, enfin réveillés, pour y réclamer tout simplement ce qu'on nous doit. C'était un exemple par l'absurde qui tend juste à démontrer que la fin de ce silence que je nous reproche n'est qu'une question de prise de conscience. Nous sommes manipulés et muets parce que contraints par un joug dont nous avons tout loisir de nous débarrasser, juste si nous le décidons.

Ce qui suit est un appel à tous ces acteurs des médias responsables et citoyens (journalistes, artistes, communicants), dont je sais que la majorité est capable de s'unir pour dénoncer vraiment : il faut faire passer par tous les moyens, et en le criant très fort, le message d'un humanisme plus grand, d'une urgence absolue à ne plus abandonner les plus faibles et du déboulonnage des statues de commandeurs. Bien sûr, beaucoup d'entre vous sont employés par de grands groupes, dépendants de multinationales de la musique ou de l'édition qui peuvent user du licenciement comme arme suprême. C'est encore une question de nombre et d'union. Pour simplifier : en cas de prise de conscience, de gros titres alertant l'opinion quant à l'urgence d'une révolte, de chansons, d'éditoriaux, d'interviews, ils ne pourront pas virer tout le monde !

Simpliste et utopique, cette union sacrée des médias de bonne volonté contre le pouvoir établi ? Évidemment. Mais en envisageant l'absolu, on peut au minimum atteindre l'essentiel : que tous les hommes et femmes de médias convaincus de l'urgence de ne plus se taire entrent en résistance active. Qu'ils glissent ce message de révolte autant qu'ils le pourront dans leurs interventions écrites ou parlées. En maquisards, en francs-tireurs. Que les profiteurs sachent que le respect et la dignité de chaque habitant de ce pays sont défendus par une armée invisible qui tôt ou tard aura raison du cynisme et de l'oppression exercée par quelques-uns sur la majorité exaspérée.

C'est le message du D.A.R.D. Mais, encore une fois, ce n'est pas *mon* message c'est *le vôtre*.

Alors, hurlez pour vous !

Pour que le silence se fasse clameur.

Pour que la neige fonde.

Pour que le printemps arrive, enfin.

POURQUOI FAUDRAIT-IL TENTER DE MORALISER L'ARGENT ?

L'argent ne fait pas le bonheur ? Bien sûr que non ! Puisque le bonheur ne dépend pas que de l'argent. Le bonheur découle d'un amour, d'une passion, d'un succès, d'une rencontre, d'une joie, d'une tranquillité, etc. Et parfois de l'argent. Parfois seulement. Le bonheur qu'apporte l'argent est bien réel, ne serait-ce que par le malheur que produit souvent son manque. Unir systématiquement l'argent au bonheur est une hérésie. Il est d'abord utile de les dissocier. Ces valeurs, l'une matérielle, l'autre immatérielle, s'entrecroisent souvent mais ne doivent pas être mises en concordance permanente.

Cela dit, l'argent a pris dans nos sociétés la place numéro un, quoi qu'en pensent les religieux, les idéalistes ou les philosophes accrochés à un rêve. Tout est hélas monnayé ou monnayable à partir du moment où, quand il quitte le ventre de sa mère, selon le niveau de richesse ou de pauvreté du lieu où l'enfant pointe son nez, son existence en est instantanément tatouée. (Le bien-être ne découlant pas forcément d'une naissance en milieu aisé.) L'argent nous accouche et nous enterre. Entre-temps sa présence ou son manque nous conditionnent.

L'argent nous élève ou nous rabaisse, nous endort ou nous réveille. En tout cas, il nous accompagne et même quand sa présence nous semble quasi imperceptible, le fait que les autres en jouissent a une influence majeure sur nos vies. Le membre d'une tribu reculée, même s'il n'a jamais vu un billet de banque de sa vie, est, de toute façon, la victime d'un dérèglement du climat dont les « Gargantua » de la fortune sont en partie ou totalement responsables. C'est un exemple parmi tant d'autres. Où que nous vivions, quoi que nous décidions, l'argent nous colle aux basques. Il ne s'agit pas de lui déclarer la guerre, l'ennemi est invisible et omniprésent, donc imbattable. Il faudrait lui déclarer la paix. Tenter de le moraliser pour n'en faire qu'un ami.

« Il faudrait tenter de moraliser l'argent. » Une tentative mise au conditionnel exprime bien le peu de chances de réalisation d'une telle entreprise. Mais pourquoi ne pas essayer d'infléchir un peu de sa nocivité sur nos comportements courants ? L'assainir au niveau de la haute spéculation est un « Himalaya » quasi invincible, si ce n'est par une révolution au niveau mondial. Seule une immense crise, bien supérieure à celle que nous venons de connaître, pourrait permettre une redistribution des cartes salutaire. Mon propos ne concerne évidemment pas une tâche de cette ampleur.

Je ne suis pas économiste, mais mon statut de citoyen observateur me permet juste de constater l'évidence : vouloir (comme l'a suggéré le président Sarkozy) moraliser le capitalisme, c'est imaginer des arbres sans bois et des rivières sans eau. Le capitalisme n'est pas moral par essence. Encore une fois, l'effet d'annonce est une indignation de circonstance.

D'autant moins crédible que, dans les faits, les amitiés particulières présidentielles sont autant de cautions exactement contraires à cette déclaration. Moraliser le capitalisme est donc par définition impossible.

Tenter de moraliser l'argent, en revanche, c'est lutter chaque jour, non pas contre le profit lui-même, mais seulement contre le profit au détriment de l'humain. Et cela, c'est envisageable. Ce combat doit se mener à deux niveaux. À l'échelle de notre propre conscience et ensuite par des prises de décision purement politiques.

En premier lieu donc, nous en revenons aux fondements du D.A.R.D. : avant de réclamer des décisions gouvernementales, chacun de nous doit améliorer son comportement. La course effrénée à l'argent, le toujours plus, est le cancer premier de notre société. Et pas seulement dans les multinationales et chez les voyous en col blanc. Et revoici le bonheur en question avec deux interrogations imagées qui résument tout : « pourquoi perdre sa vie à la gagner ? » et « à quoi ça sert d'acheter un matelas neuf à crédit, si le prix du crédit vous empêche de dormir ? ». L'argent doit être un moyen, pas une fin.

La plainte est générale : « On n'a pas assez d'argent ! » Bien souvent nous en avons suffisamment pour vivre bien, mais notre seule obsession est de vivre mieux. Le proverbe est connu : le mieux est l'ennemi du bien. Savoir se contenter est une des clés du bien-être. Je parle évidemment ici de ceux qui possèdent le minimum vital (toit, nourriture, couverture sociale, vêtements) et même plus si on y ajoute le « superflu indispensable » (voiture, télévision, portable, voire lecteur de DVD). Cela représente quand même une majorité de la population française. Cela ne veut pas dire que ceux-là doivent limiter leurs rêves à la conservation de ce « mince privilège ». Mais à partir de ce « minimum haut », le supplément doit être appréhendé comme un « bonus ». Il mérite évidemment de se battre pour, mais pas forcément d'en faire une aliénation obsessionnelle. Le « matelas à crédit », cité plus haut, en est l'exemple type.

J'y reviendrai plus loin lorsque j'évoquerai le fonctionnement du D.A.R.D., mais deux fois valant mieux qu'une, notre prise de conscience vis-à-vis de l'argent passe par une amélioration de son utilisation collective que je résumerais en une phrase : « Le bonheur est dans le prêt ! » Apprenons à nous entraider. À céder parfois notre bien à l'autre le temps d'un besoin. Une voiture au garage, une chambre inhabitée, des habits oubliés dans une armoire, un meuble de trop. Je sais que ce que j'avance est pour certains une hérésie, mais cette solidarité passagère est à la fois un devoir de service et une belle occasion de tisser des liens humains qui peuvent entraîner des retours inattendus.

Pour en terminer avec notre prise de conscience personnelle, notre quête de l'argent et son utilisation doivent être, sinon intelligentes, du moins empreintes de bon sens. Notre « suffisamment » ne doit pas être étalonné en priorité sur le « trop » de certains, mais sur le « moins » de bien d'autres. Regarder vers le bas plus qu'être obsédé par le haut est un moyen sûr de retirer à l'argent une grande part de sa nocivité sur notre bien-être. Donc, la moralisation de l'argent passe d'abord par un devoir de transformation de nos comportements. Le devoir absolu de nos gouvernants à changer eux aussi n'est que la deuxième étape. Nous allons l'aborder maintenant.

Il y a pour moi une « évidence générale » indiscutable : les très très riches doivent payer pour les très très pauvres. Quant à ceux qui ne sont ni suffisamment riches ni trop pauvres, l'État doit d'abord protéger leur droit de conserver ce qu'ils ont, et ensuite leur laisser la possibilité de grimper dans l'échelle sociale. Mis à part la société du spectacle (sport et monde artistique) et quelques entreprises opportunistes (Web ou inventions révolutionnaires), la possibilité aujourd'hui de s'élever vraiment par le seul mérite de son travail est pratiquement toujours annihilée par le poids de plus en plus lourd d'un État castrateur d'initiatives, soit par l'écrasement dû à des contraintes administratives trop lourdes, soit par un protectionnisme outrancier des multinationales amies. Cette « évidence générale » sous-entend des « évidences particulières et indiscutables ». Les plus criantes sont au nombre de six :

1. – Les charges fiscales directes ou indirectes imposées par l'État au peuple sont extravagantes. Il faut, sans populisme, les ramener à une mesure équitable pour les deux.

2. – Le train de vie de l'État (luxe des services de fonction) doit absolument être réduit à des proportions décentes.

3. – Les marges des groupes de distribution doivent être limitées par la loi, pour un profit bien plus substantiel des petits fournisseurs, et le respect du consommateur.

4. – Les banques ne doivent pas seulement prêter de l'argent à ceux qui en ont déjà.

5. – Un vaste plan anticorruption doit être engagé par la justice à laquelle l'État doit donner tous les moyens matériels et éthiques de s'exercer en parfaite indépendance.

6. – « De la nourriture et un toit pour tous » est la mission première et incontournable de tout gouvernement.

J'entends déjà les hauts responsables crier au populisme, voire à l'utopie primaire. J'ai écrit « évidences indiscutables ». C'est ma seule réponse. Il est essentiel de nous convaincre que ces priorités ne souffrent même pas de se voir opposer le « oui, mais… » de circonstance. Quant à ceux qui vont, bien entendu, évoquer comme un écueil infranchissable l'énormité du financement de ces « évidences particulières », la taxation des spéculations boursières et immobilières, l'arrêt de la complaisance envers les « pharaons » de l'industrie et du commerce suffiraient largement à ces ajustements sociaux indispensables. C'est une question de volonté politique bien plus que de moyens. Faire le choix d'une protection prioritaire de toute la population n'est pas un programme idéologique de droite, du centre, de gauche ou de quelque extrême que ce soit. C'est un devoir humain de sauvegarde.

La moralisation de l'argent passe donc par ce « rêve fou de justice sociale ». Elle passe aussi par une chasse sans pitié à ceux qui foulent aux pieds l'éthique dans un but essentiellement mercantile. Un exemple parmi tant d'autres : la multiplication des accès aux jeux de hasard doit être régulée bien plus étroitement. Tout ce qui est fait pour développer cette dépendance est assassin. Le mot est fort, mais la plupart du temps, il s'agit pour des groupes déjà largement bénéficiaires (l'État en fait partie dans une très grande proportion) d'aller extorquer aux plus faibles le peu qu'il leur reste. Bien sûr, un sur mille aura peut-être la chance d'améliorer provisoirement son sort, mais au détriment des neuf cent quatre-vingt-dix-neuf autres. C'est sournois, cynique et terriblement rentable. Et s'il n'est bien sûr pas question d'interdire globalement ces « attrape-nigauds », il serait bienvenu d'avoir une vigilance accrue sur l'explosion des tentations de ce nouveau racket.

La moralisation de l'argent passe également par une lutte sans complaisance contre tous les gaspillages de faveurs. Je parle des subventions faramineuses et incontrôlées. Il est fréquent d'entendre que la Cour des comptes a « épinglé ». Le mot est singulier. Il ne s'agit pas « d'épingle », mais d'un « pieu » qu'il faut enfoncer au plus profond de la complaisance. Pour simplifier, et parce qu'un peu d'humour ne peut pas faire de mal, j'appelle ça « le syndrome du rond-point ». Vous les voyez comme moi fleurir chaque jour, ces ronds-points, d'une utilité discutable, engageant l'argent de la communauté dans du superflu routier au détriment de l'urgence de la détresse humaine. Le raccourci est un peu caricatural mais, encore une fois, ce phénomène n'est que le symbole du dérèglement d'une société qui (c'est le cas de le dire) a oublié ses priorités.

La moralisation de l'argent passe aussi par une distribution cohérente de l'assistanat. Une fois le minimum vital acquis, il est aberrant que certains gagnent plus à ne rien faire qu'à travailler. Le système d'allocations en tous genres est à repenser. Combien de fois entend-on dans la France profonde :

– Je ne vois pas pourquoi je m'emmerderais à aller bosser… Avec les aides, je gagne plus en restant à la maison !

Certains le disent avec satisfaction, d'autres en sont révoltés. Tous ceux qui vivent cette situation ne sont pas, malgré ce qu'on tend à nous faire croire, des profiteurs paresseux. C'est aussi une question de dignité, et il faut absolument rendre au travail la valeur qu'il mérite. Selon le vieux proverbe chinois : « Plutôt que donner un poisson à celui qui a faim, il est préférable de lui apprendre à pêcher. » Ce dysfonctionnement administratif accouche d'inégalités et d'injustices dont profitent les plus malins. Mais peut-on leur reprocher d'exploiter un système bancal et aveugle ? Ce déséquilibre ne fait que renforcer l'animosité de ceux qui s'échinent à travailler envers ceux qui ne se donnent que le mal d'empocher les aides providentielles. Il est grand temps que ce que j'appelle « la justice de la sueur » s'attaque à ces incohérences.

Pour en finir avec la solidarité sociale, je la cautionne bien évidemment, mais nous devons être excessivement vigilants sur tous les abus qu'elle entraîne. Ce que je désigne d'un néologisme significatif, « l'assostanat », doit être surveillé bien plus étroitement. Ne soyons pas naïfs, et même si cela fait hurler certains, il existe encore beaucoup d'associations, qui, sous couvert de générosité, ne sont créées que pour le bien-être de ceux qui les dirigent. Il suffit de constater l'importance de leurs frais de fonctionnement.

On peut ajouter à ça les supercampagnes d'appels aux dons chaque fois qu'un cataclysme touche la planète. Il suffit que les médias diffusent en boucle des images suffisamment horribles pour que la sensibilisation soit extrême. L'argent « moral » est celui qui doit aussi aller à ce qui n'est pas un spectacle. Soyons généreux, mais pas aveuglément ! Ce sont souvent, par définition, les causes les moins médiatisées qui ont le plus besoin d'aide.

La moralisation de l'argent passe enfin par la prise de conscience par les plus nantis de l'indécence de leurs profits. Cela peut prêter à rire, mais certains ont eu cette prise de conscience et leur générosité est à la hauteur de leur talent à réussir. Il est vrai que pour un Bill Gates qui œuvre au quotidien au bien des plus défavorisés, une majorité d'autres se moquent éperdument du sort des plus fragiles.

À part une révolution, on ne peut rien faire pour les contraindre. Cette révolution n'étant pas la solution que je prône, il ne reste qu'à espérer cette prise de conscience tout à fait improbable. Ou alors (espoir minime, mais c'est là le but du rassemblement que je tente d'initier), il faut souhaiter que le peuple, enfin conscient de la force de son nombre, impose aux politiques, par des moyens démocratiques, des mesures réelles d'obligations à ces hyperprivilégiés de restituer à chacun une partie de leur trop-plein.

Ce n'est pas de l'anticapitalisme primaire, c'est de la conscience humaniste. Rien qu'un peu de « ceux d'en haut » représente beaucoup pour « ceux d'en bas ». C'est simple, simpliste pour certains, mais c'est urgent. Et pas forcément contraire aux intérêts des possédants suprêmes. C'est aussi une façon d'éviter que les « demandeurs » finissent par aller se servir eux-mêmes au bout d'une explosion violente. Dans ce cas extrême, tout le monde y perdrait bien plus que dans ce que j'appellerais (ironiquement, bien sûr) un arrangement à l'amiable.

Pour résumer, il y aura toujours des riches et des moins riches. Rêver de justice matérielle est une chimère. Tenter d'apporter la mesure est un devoir, alerter et prévenir sont des obligations. Ce n'est que prendre le risque d'avoir raison et d'influer à très long terme sur le cours des choses.

Jefferson, en 1802, disait ceci : « Je pense que les institutions bancaires sont plus dangereuses pour nos libertés que des armées entières prêtes au combat. Si le peuple américain permet un jour que des banques privées contrôlent leur monnaie, les banques et toutes les institutions qui fleuriront autour priveront les gens de toute possession d'abord par l'inflation, ensuite par la récession, jusqu'au jour où leurs enfants se réveilleront sans maison et sans toit sur la terre que leurs parents ont conquise. »

Deux siècles plus tard, malgré cet avertissement visionnaire, la crise des subprimes confirme, hélas, cette prévision. C'est dire si le combat peut être long et difficile. Mais ne rien tenter, même au plus petit des échelons (ce qui est le cas du D.A.R.D.) est assimilable à de la non-assistance à personne en danger.

Le moindre soubresaut peut entraîner un tremblement.

L'effet papillon est tout sauf une utopie.

Alors, que chacun batte des ailes !

POURQUOI TANT D'INDIFFÉRENCE ?

Le premier week-end de décembre à la télévision résume à lui seul la fracture humaniste de notre société. D'un côté le *Téléthon*, de l'autre l'élection de Miss France. La chaîne commerciale a volontairement placé son rendez-vous féerique face aux appels à la solidarité pour les maladies orphelines sur les chaînes publiques. L'audience est garantie parce que la culpabilisation n'est pas un spectacle. Le rêve, lui, en est un. Et comment reprocher à des téléspectateurs empêtrés dans leurs propres soucis, de préférer ce rêve à la réalité ? Une réalité d'autant plus cruelle que ces maladies-là concernent trop peu de victimes pour que les laboratoires engagent des recherches coûteuses. Les remèdes ne se vendraient pas en quantités suffisantes.

Il est tout entier là, en cette soirée cathodique de décembre, le symbole de notre indifférence. Il ne s'agit pas de jouer les parangons de compassion en demandant la relégation de Miss France à un autre jour et d'obliger le peuple à la solidarité. D'abord TF1 refuserait, la cagnotte est trop belle, et ensuite il faut laisser le choix du rêve parce que, autant que la solidarité, il est essentiel à nos vies. Je n'ai cité cet exemple que pour symboliser le trop-plein d'indifférence qui nous a conduits au malaise humain qui détruit peu à peu les bases de notre vie en collectivité.

Je ne suis pas abusivement passéiste, mais il me semble que dans les villages d'autrefois, il n'y a pas si longtemps, les habitants étaient bien plus proches les uns des autres. Il y avait bien sûr des rancunes, des délations, des abandons, mais les occasions de partager étaient bien plus nombreuses. Un exemple seulement : les « batteuses » de campagne donnaient à chacun la possibilité de travailler à tour de rôle l'un pour l'autre. Ce n'est, encore une fois, qu'un symbole.

Il n'est pas question de faire marche arrière, de dévaluer les avancées industrielles juste pour revenir à la convivialité. Le « joli temps jadis » portait aussi en lui de bien grandes inégalités et des barbaries en tout genre. Mais la marche en avant du progrès a entraîné dans son sillage une multitude d'isolements dont j'ai parlé plus haut, et qui sont une des causes majeures de notre indifférence. Comment savoir que l'autre a besoin de quelque chose si nous n'avons pas l'occasion de le croiser pour le lui demander ? Et pire même, il arrive parfois que nous n'osions même plus déranger cet autre pour une requête vitale, de peur de nous entendre répondre : « Moi aussi, j'ai mes problèmes. »

Nous fuyons, sauf obligation, les transports en commun. Nos dimanches sont de plus en plus consacrés à la famille réduite aux plus proches. Nous allumons nos télés pour avoir des nouvelles du monde, en oubliant de demander de celles du voisin. Nous pratiquons au quotidien une discrimination sociale imbécile, en jetant quasi systématiquement la suspicion sur celui qui a réussi mieux que nous. Et dans l'autre sens, en ayant peu d'estime pour celui qui a réussi moins bien.

Nous ne sommes la plupart du temps attentifs qu'à nos propres douleurs. À part quelques généreux chroniques, nos cadeaux caritatifs sont bien souvent plus des béquilles à nos consciences que des dons sans aucune arrière-arrière-arrière-pensée. Laquelle ? Celle du prix de notre culpabilité. Et encore ce n'est pas cher, puisque nous, Français, sommes, statistiquement, très très loin de la tête du peloton des donateurs aux causes humanitaires. Je ne m'attarderai pas sur nos « grands cœurs » du star-system, pour qui la photo obligatoire avec les enfants malades d'un pays lointain n'est qu'un outil de promotion pour leur dernier CD. Je ne m'éloigne pas du sujet, il s'agit bien du respect de la dignité humaine. Au minimum, de leur propre dignité.

En fait, je ne sais pas si nous sommes devenus de plus en plus indifférents par paresse, par égoïsme pur, par peur de l'autre ou par isolement. Sûrement un peu des quatre. Toujours est-il que le constat est là : l'indifférence qui, en des temps reculés, était l'apanage d'une couche sociale méprisante en « droit », est devenue populaire. Le seigneur indifférent au sort du serf, c'était pratiquement une loi de la nature humaine. Mais le serf indifférent au sort de l'autre serf, ça, c'est plutôt nouveau ! Et ce désintérêt pour l'autre ne va pas qu'aux gens qui meurent de froid ou aux agressés du métro. Nous devenons de plus en plus indifférents à tout. En tout cas, à tout ce qui ne nous concerne pas directement.

Et Monsieur Bon-Français me répond :

– Et pourquoi voulez-vous qu'on soit concernés ? Vous trouvez qu'on n'a pas assez à faire avec nos vies et nos proches sans s'occuper de celle des autres ?

Nous en sommes là. De plus en plus isolés, n'osant presque plus ni appeler au secours, ni secourir hors du petit cercle des amis ou de la famille. Et encore, même ce cercle-là se réduit. Nous avançons seuls avec un souci permanent : « sauver sa gueule ». C'est le plus imbécile des égoïsmes. Le plus absurde. Parce qu'on ne peut pas « sauver sa gueule » tout seul. Si tous nos acquis, nos conforts se font dans l'ignorance des autres, pourquoi voulez-vous que les autres fassent autrement ?

Nous nous plaignons chaque jour de la recrudescence des délinquances en tous genres en en rejetant sans cesse la responsabilité loin de nous. Ils ont bon dos l'État, la faillite de l'Éducation nationale et la violence dans les médias. Mais une agression dans la rue sous le regard de dix passants immobiles est le symbole type de notre apathie. C'est pourtant simple de comprendre, une bonne fois pour toutes, que cet autre c'est nous, et que tout secours qui lui est porté est notre propre sauvegarde. Parce que si nous réagissions chaque fois en groupe, cela aurait certainement un côté dissuasif non négligeable. Mais dans ces cas-là, chacun ne pense qu'à lui et à lui seul. Et si par malheur, on est agressé un jour à son tour, on va fustiger une lâcheté dont on est les premiers représentants. Il ne sert à rien d'être un héros dans la foule, c'est la foule tout entière qui doit être héroïque !

Notre « chacun pour sa gueule » est le plus mauvais des systèmes de défense. Ce n'est pas en multipliant le nombre de nos alarmes de voiture et de maison qu'on réduira le nombre de voleurs. L'autoprotection n'est pas une réponse à la délinquance. Ce n'est qu'un bouclier individuel. Le constat est facile, presque primaire mais tellement évident : dans une équipe de sport collectif, si chaque joueur joue pour lui, l'équipe perd. C'est presque mathématique. La solution ? Jouer groupés et solidaires.

Reparlons de délinquance. Il y a deux catégories de délinquants : les délinquants par nature et les délinquants par nécessité. En portant assistance à la seconde catégorie on limiterait forcément ces hors-la-loi à la première. Il y a donc urgence, comme je l'ai écrit dans le chapitre précédent, à aider les plus démunis, ce qui, par un effet domino, aurait, entre autres, l'avantage de faire baisser la délinquance.

Notre indifférence est donc responsable des agressions que nous subissons ? Coupables d'être victimes ? Tout est de notre faute ? Pas seulement, mais en partie. Le reste appartient à l'État. Ceux qui nous gouvernent ont leur part de responsabilité, et pas seulement à cause de leurs précautions électoralistes. Quand j'ai écrit plus haut « hors-la-loi » pour citer les délinquants, c'était un aimable euphémisme. Vu que le vol s'exerce bien souvent dans le cadre de la loi, voire avec son entière protection. Encore l'exemplarité ! Et celle-là vient de l'État.

J'assimile le quota de contraventions imposé aux gendarmes par leur autorité à du vol. D'ailleurs ces gendarmes sont les premiers à se plaindre de ce harcèlement obligatoire. J'assimile les pratiques de certaines banques à du vol. J'assimile le va-et-vient du prix de l'essence au gré de la sauvegarde des bénéfices des sociétés pétrolières à du vol. Les marges ahurissantes de certains groupes de distribution également ! Je ne m'en tiendrai qu'à ça, non pas pour éviter qu'on me taxe de poujadisme (ça doit déjà être fait), mais parce que la liste est trop longue.

J'assimile tout cela à du vol parce que l'État, qui doit protéger tous ses citoyens, a édicté des lois qui épargnent bien plus les groupes financiers les plus forts que les particuliers les plus faibles. Et quand ces particuliers hurlent à l'injustice, leur ras-le-bol du « deux poids, deux mesures » ne paraît être une priorité ni pour les gouvernants ni même pour l'opposition. Comme précédemment, pour les promesses électorales non tenues, les magouilles impunies font quasiment partie du folklore. Encore une fois, notre indifférence vient de l'exemplarité. De l'indifférence au plus haut niveau de l'État pour ceux qu'il gouverne découle l'indifférence de chacun pour chacun.

Et, dans la France profonde, on entend :

– L'État laisse faire, moi aussi ! Je paye assez d'impôts. C'est à lui de faire son boulot. Je vais quand même pas me faire défoncer la gueule pour une vieille qui se fait agresser. La police n'a qu'à être là, elle est payée pour ça ! Et puis quand on voit comment, là-haut, ils nous dépouillent sans être punis, comment ils piquent dans la caisse sans se faire taper sur les doigts, je ne vois pas pourquoi je risquerais de prendre des coups pour empêcher un môme de voler un scooter ! Il aurait tort de se gêner… Sauf si c'est le mien, bien sûr.

Les détournements de fonds publics, les délocalisations sauvages, et autres abus de biens sociaux dans hautes sphères sont rarement punis à la hauteur du préjudice. Le talent des avocats de haut vol (c'est le cas de le dire), les autoamnisties, les petits arrangements entre amis ont toujours une conséquence d'exemplarité. La pire : le désintérêt de chacun pour les torts mineurs faits aux autres, puisqu'en cas de torts majeurs, la justice s'en fout.

Qu'elle vienne du plus profond de nous, de l'isolement que nous a apporté le progrès, ou du mauvais exemple d'un État voyou, l'indifférence gagne chaque jour du terrain. Il faut agir ensemble avant qu'elle ne nous détruise un par un.

Et la France profonde résume le tout, par l'excuse « culte » :

– Que je m'intéresse aux autres ? Et puis quoi, encore ! Qui s'intéresse à moi ?

Comme c'est vrai et comme c'est faux ! Il faut bien qu'il y en ait un qui commence. C'est pour cela qu'une des missions premières des membres du D.A.R.D. sera de faire le premier pas. Aller vers l'autre pour lui demander s'il a besoin de quelque chose. Se parler pour savoir. Et si nous sommes suffisamment nombreux, la réciproque sera automatique.

Pour ce qui est de l'insécurité, nous ne devrons pas hésiter à agir à la moindre atteinte à l'intégrité physique ou morale d'un inconnu. Nous devrons aussi tenter de rameuter des gens pour agir le plus possible en groupe. Et pour clore ma démonstration par un trait d'humour, souvenez-vous que le « grand clown philosophe » Coluche disait : « Comme on se vante tous de baiser la femme des autres, il y en a forcément un qui baise la mienne ! » Si vous allez tous un peu plus vers les autres, il y en a forcément un qui viendra vers vous !

Pourquoi tant d'indifférence, donc ?

Premièrement, parce que nous n'avons pas suffisamment intégré l'idée que l'autre c'est nous.

Deuxièmement, parce que nous sommes isolés et que nous devons sortir de nos coquilles pour nous regrouper.

Et troisièmement, parce que ceux qui nous gouvernent bafouent la loi au profit des plus puissants, tout en l'imposant de façon intraitable aux plus ordinaires.

Dans les deux premiers cas de figure, le D.A.R.D. propose de demander à chacun de ses membres une nouvelle prise de conscience. D'organiser des rencontres, des dialogues. De poser au moins une fois par jour la question à un inconnu : « Vous n'avez besoin de rien ? » De se regrouper pour tenter d'aider la moindre personne qui semblera, au mieux en situation de manque, au pire en situation de détresse.

Dans le troisième cas de figure, si le D.A.R.D. réussit à rassembler suffisamment de monde, ce n'est qu'une fois unis et nombreux que nous pourrons imposer à nos gouvernants, par le chantage de nos bulletins de vote, de reconsidérer la justice à deux vitesses. Nous devons tout faire pour que cesse l'impunité pour les escroqueries des puissants, afin que cette complaisance ne soit pas la caution morale de la délinquance ordinaire. Ça ne l'atténuerait sans doute qu'infiniment peu. Mais le citoyen en serait moins complice, et qui sait si à partir de ce moment-là, son civisme (puisqu'il s'agit de cela) ne lui donnerait pas une mission nouvelle : défendre son prochain parce qu'il sera certain que son prochain le défendra ?

Le combat contre l'indifférence sera notre première mission.

Il sera la toile de fond de tout le reste.

Le D.A.R.D. est, avant tout, une entreprise de réveil.

POURQUOI FAUT-IL NOUS AMÉLIORER ?

J'entends déjà le mécontent chronique :

– Nous améliorer, tu ne parles que de ça depuis le début ! Faut arrêter de nous engueuler ! Je croyais que c'était un manifeste pour demander à ces enfoirés de riches et de politiques de nous refiler un peu plus d'oseille !

Dans ce cas, désolé, mais l'enfoiré, c'est toi. Parce que si tu attends TOUT de ceux qui nous gouvernent, tu n'as rien à faire au D.A.R.D. Bien sûr, une fois nombreux nous ferons tout pour les contraindre, mais ce n'est que le deuxième acte de notre combat. Et je te conseille de ne pas trop croire au miracle. Il y aura un mieux réel, certes, mais ce ne sera pas la fin de tous nos désagréments. Encore une fois, la société idéale n'existe pas. Et encore une fois aussi, commençons par nous bousculer nous-mêmes.

Il faut absolument changer, tout d'abord, notre regard sur la différence. Et pas seulement concernant le racisme, dont on peut balayer la légitimité d'une phrase : « Est-ce que vous connaissez un seul groupe ethnique où une mère aime plus son enfant que dans un autre groupe ethnique ? »

Monsieur Bon-Français me lance :

– On voit que t'habites pas dans une cité de racailles ! Et puis c'est pas par hasard si dans les prisons françaises les Arabes et les Noirs sont majoritaires.

Et alors ? Ce n'est déjà pas une raison pour condamner tous les Noirs et tous les Arabes. La racaille, quelle que soit sa couleur de peau, reste la racaille. Cependant, même si je lui trouve parfois des excuses, je ne prône pas l'indulgence. Parce qu'il est trop facile, justement, de prendre le prétexte de sa différence pour s'autoriser des atteintes indéfendables à l'intégrité des autres. Parce que les associations de défense des communautés manquent singulièrement de mesure dans leurs indignations.

Un Noir, un Arabe qui brûle une voiture ou agresse un passant est un voyou. Et ce n'est pas parce qu'il est noir ou arabe, c'est parce que c'est un voyou. Et ce n'est que ça. Au même titre qu'un vigile ou un flic qui tabasse un Noir ou un Arabe parce que sa peau ne lui revient pas est également un voyou. Et là aussi ce n'est que ça. Et cela ne nous autorise aucun amalgame. La justice doit faire son travail à égale proportion.

Et Monsieur Bon-Français m'objecte :

– C'est pas gagné… Parce que des Arabes qu'on relâche à peine arrêtés, et des flics qui humilient les bronzés et les beurs en toute impunité, ça court les rues.

Je réponds :

– D'accord, mais c'est un problème de justice et de moyens qu'on lui doit, comme je le signalais plus haut. En aucun cas, ce n'est la conséquence de je ne sais quel gène originel ethnique.

Pour le reste, les causes de cette mésentente, et surtout avec les Maghrébins, sont tentaculaires. De la peur d'une religion au délit de faciès, en passant par les reliquats d'une guerre pas si lointaine, le problème subsistera encore longtemps. On peut même y rajouter une déficience réelle de l'éducation par des parents démissionnaires. Mais ce n'est pas uniquement le lot des immigrés ou de leur descendance. La faillite de l'éducation parentale est nationale. J'en reparlerai plus loin.

Un des membres du groupe Zebda m'avait confié que, tout jeune et tout fier, il avait un jour ramené un magnétoscope volé à la maison. Sa « récompense » avait été une gifle monumentale de son père et l'obligation de le rapporter à son propriétaire. Et c'est cela qui en avait fait un être sociable. Pour le bouillonnement de la jeunesse descendant d'immigrés qui alimente chaque jour les relents de racisme en France, l'éducation est certainement le centre du problème.

Mais les carences de la police et de la justice, le soutien parfois aveugle des associations antiracistes, le manque d'aménagement des cités, l'absence de perspectives d'avenir sont des causes périphériques qui ne peuvent être résolues (ou du moins atténuées) que par une farouche volonté politique. Mais ce n'est pas un scoop de prétendre que ce mal-vivre d'où découle l'insécurité est entretenu savamment à des fins électoralistes. Ce n'est pas pour rien que le débat resurgit toujours à quelques mois d'un scrutin national.

Cela n'excuse cependant pas les incivilités grandissantes, la multiplication des bandes, les trafics, l'avilissement des filles et les no man's land policiers où le moindre uniforme est pris pour cible. Une fermeté bien plus grande de l'État dans ces cas-là est aussi pour moi, même si cela semble à première vue antinomique, une composante de l'humanisme. C'est le respect des victimes. La bonne volonté des associations, les efforts de prévention des grands frères ne doivent pas masquer la nocivité d'une impunité beaucoup trop fréquente.

Je n'ai pas la solution miracle. Personne ne l'a. Ce que je sais, c'est que les exactions d'une minorité ne doivent en aucun cas être payées par les autres. Parce que même si les extrémistes font tout pour vous convaincre du contraire, c'est une minorité. Importante certes, mais une minorité. Ce que je sais aussi, c'est qu'en instillant le respect de la dignité humaine à une majorité de la population, l'exemplarité fera obligatoirement tache.

En résumé, il faut que la justice punisse les auteurs de préjudices sans aucune complaisance. Mais il faut aussi que nous commencions à adoucir nos regards, que nous arrêtions d'avoir peur sans discernement. Il faut nous imposer de connaître avant de juger. Et qui sait ? L'inévitable ne le sera peut-être plus.

Notre approche bienveillante de l'autre, quelle que soit son origine ethnique, est donc une des composantes de notre amélioration. Mais nos racismes sont bien plus divers et complexes.

La suspicion et l'animosité envers celui qui a réussi sont, dit-on, un mal français. Pour les Américains, entre autres, l'aisance matérielle est une fierté assumée. Notre vieux pays en est encore à la jalousie primaire. Les « faits d'armes » des aigris chroniques sont d'une bassesse étonnamment imbécile. On peut constater entre autres « amabilités » : les rayures à la clé sur les belles voitures, les étiquettes de putains collées au dos des épouses d'hommes riches, les insultes de circonstance, la caricature du patron voyou et la suspicion de l'honnêteté du parvenu.

À titre personnel, j'ai eu la chance de m'élever dans l'échelle sociale, et j'ai pu constater avec quelle hargne certains de la caste dont je viens s'appliquent à me dénigrer au seul motif que je me suis hissé dans une autre. Il s'agit bien là de parler de celui qui a obtenu son confort par l'effort et la sueur, et non de celui qui s'est enrichi sans vergogne au détriment de toute loi morale. Ce racisme-là est partout et nous sommes bien peu à le trouver stupide et illégitime. Il est cependant, même s'il paraît anodin, une cause non négligeable du déchirement du tissu social et humain. Bien sûr que ceux-là ne sont surtout pas à plaindre. Mais ils ne sont pas non plus à accabler. Le philosophe clown Coluche (encore lui) disait : « les réalités des riches ne sont pas loin des aspirations des pauvres ». Il est donc urgent de changer aussi notre regard sur la réussite de l'autre.

Ma démonstration a débuté dans ce sens-là, mais il est évidemment essentiel que la réciproque s'exerce de la même manière. Le « parvenu » aussi doit étalonner son approche du laissé-pour-compte en s'imposant des comportements, non seulement aimables et compassionnels, mais aussi pudiques. La surexposition est indécente. Ils sont légion ceux qui, à peine un barreau grimpé sur l'échelle de la réussite, se pavanent et se parent d'une suffisance ridicule, insultante et insupportable. Avoir réussi, posséder plus que d'autres et en jouir n'est en aucun cas blâmable. Ce qui l'est, c'est d'en faire une exposition provocatrice, et surtout d'en tirer une suprématie de droit.

Il y a une syllabe en trop à l'adage. En fait, on devrait dire : « l'habit ne fait pas le moi ». Nous sommes tous nés nus. Et chacun doit se projeter ainsi au contact de tout autre. Nu, sans tenir compte du costume ou de la capuche, du piercing ou de l'uniforme. Efforçons-nous donc, puisque c'est une des missions premières du D.A.R.D., de ne pas nous arrêter à l'apparence sociale.

Que les chagrins d'amour, les deuils, les drames psychologiques frappent dans une mansarde ou dans une villa luxueuse, ils font couler les mêmes larmes. Et pour en revenir à la nudité, puisqu'il faut bien sourire un peu, les étreintes amoureuses n'ont pas un sceau de qualité différent selon qu'elles sont pratiquées dans des draps de soie ou sur de la paille. L'orgasme n'a pas de fortune ! Même si ce n'est pas une clé de voûte de la société, c'est du moins une consolation.

Après le racisme d'appartenance ethnique ou sociale, il est important d'aborder celui, moins visible, de l'exclusion physique et intellectuelle. Les beaux avec les beaux, les érudits entre eux, voilà une classification naturelle bien difficile à bouleverser. Il n'est pas question d'imposer à chacun des mésalliances quotidiennes, mais de suggérer d'être attentif à des rapports humains a priori rébarbatifs, mais qui peuvent s'avérer étonnamment enrichissants.

On apprend toujours beaucoup plus de celui qui nous ressemble le moins.

Le trop gros, le trop vieux, le trop laid sont bien souvent des repoussoirs. On les isole. Même si nous nous en cachons, notre regard sur eux est pollué, soit par le sarcasme, soit par l'indifférence. Et ce n'est même pas la peine que j'ajoute à cette démonstration les handicapés, tant notre manque d'attention à leur égard est évident. Cette ségrégation est infâme. Nous nous en défendons, bien entendu, mais au fond de nous, nous savons très bien ce que sont nos abandons et nos fuites.

Comble de la stupidité, non seulement nous excluons les autres pour « défauts de fabrication », mais nous nous martyrisons nous-mêmes. Nous nous saoulons de publicités bourrées de mannequins à la grâce (souvent retouchée) desquels nous nous étalonnons. Le résultat est une angoisse permanente et un rejet de nous-mêmes qui nous perturbe au quotidien. Nous nous persécutons de balances en régimes, de jogging en lifting. Et nous en oublions l'évidence : si nous passions ne serait-ce que la moitié de ce temps de réfection de l'extérieur à entretenir l'intérieur, notre séduction y gagnerait presque autant. Nous améliorer c'est d'abord nous accepter tels que nous sommes. Bien sûr, quelques efforts de façade sont souvent synonymes de mieux-être, mais, encore une fois, comme pour ce que nous possédons, cela ne doit pas tourner à l'obsession.

Pour résumer, nous améliorer nécessite, d'abord pour nous-mêmes, le célèbre lâcher-prise cher aux psys, que je rebaptiserai trivialement « laisse tomber, ça sert à rien de se prendre la tête à la faire plus belle ! ». Pour les autres, notre regard porté sur le bancal, l'énorme ou le diminué doit se faire plus doux, plus avenant. Ce pas fait vers l'autre, quelle que soit sa disgrâce physique, est aussi un des piliers de notre engagement. Il en est de même pour la disgrâce intellectuelle.

Encore une phrase de chevet de Monsieur Bon-Français :

– Celui-là, je peux pas le voir, il est trop con !

Dans la plupart des cas, cette phrase est retournée à l'envoyeur. Comme si la stupidité était un état établi définitivement. Cons, nous l'avons tous été à un moment ou à un autre, et nous le serons encore épisodiquement. Quant à ceux qui s'excluent eux-mêmes de cette catégorie, ce sont les pires. La plus incommensurable des bêtises ne serait-elle pas d'être persuadé de sa propre intelligence ?

Nous sommes à peu près tous le con d'un autre, mais est-ce si infamant que ça ? Et qui mérite-t-il d'être exclu de la société au nom de ce constat ? Bien sûr je ne demande pas de cautionner l'imbécillité latente qui est en chacun de nous, mais il serait souhaitable que nous ayons des jugements moins hâtifs, en tout cas jamais définitifs.

Et Monsieur Bon-Français conclut :

– Alors, si je comprends bien, au bout de ce chapitre, il faut aimer les Arabes, les Noirs, comprendre la racaille, baiser des moches et fréquenter les cons. Excuse-moi, Patrick, mais je crois que le plus con de tous, c'est toi ! Et vive le monde rose bonbon ! C'est pas un manifeste idéologique, c'est un tract pour visiter Disneyland.

Ma démonstration n'est pas une chimère angélique. C'est un encouragement à plus de mesure, plus d'attention. Si vous considérez être ni con, ni moche, ni concerné par le racisme, la délinquance, l'exclusion ou la solitude, ni riche suffisant, ni pauvre envieux, mes propos effectivement ne vous concernent pas. Mais vous ne devez pas être nombreux. À moins que vous vous mentiez. Dans ce cas-là, ça tombe bien, parce que le mensonge à soi-même est le bouquet final du feu d'artifice dont nous usons pour nous persuader que nous n'avons pas besoin de changer.

Arrêtons de nous mentir !

Nous savons très bien que nous sommes imparfaits, puisque nous passons le plus clair de notre temps à maquiller nos failles ou nos cicatrices. Alors, cessons d'exiger la perfection des autres.

Arrêtons de nous mentir !

Avortons de nos lâchetés. Nous ne sommes solidaires vraiment qu'en cas de catastrophe météorologique. Et là, alors que nous sommes en pleine tempête humaine, nous nous sommes barricadés dans nos égoïsmes et nos a priori.

Arrêtons de nous mentir !

Le pouvoir c'est nous. Il ne nous manque que le vouloir.

Arrêtons de nous mentir !

Arrêtons d'écouter ceux qui disent qu'aller à ce point vers les autres est un effort trop grand et inutile. Que c'est à ces autres de faire le premier pas. Si personne ne commence, comment voulez-vous qu'on y arrive ?

Arrêtons de nous mentir !

Arrêtons de nier l'évidence : le mieux de chacun de nous est la condition absolue du mieux en tout.

Arrêtons de nous mentir !

Arrêtons de nous faire croire que ce que nous faisons pour nos enfants est suffisant. De l'éducation de plus en plus laxiste que nous leur donnons à la planète que nous leur laissons, quelles raisons a-t-on d'être satisfaits ?

Hier soir, j'ai regardé dormir ma fille. Longtemps. L'instant était magique, heureux, sans nuage.

– Sans nuage ? Arrête de te mentir, Patrick ! Es-tu conscient du monde que tu vas lui léguer ? Fais-tu réellement tout ce que tu peux pour qu'une fois que tu ne seras plus là, elle ne souffre pas des railleries, des jugements hâtifs, des solitudes, des exclusions ? Et toutes ses douleurs à venir, qui en sera responsable ? Les autres ? Seulement les autres ? Ou toi surtout parce que tu n'auras rien fait pour t'améliorer et tenter d'améliorer les autres ?

Alors je suis allé écrire qu'il faut nous améliorer.

Tu en doutes ?

Alors, regarde juste ton enfant dormir. Paisible. Et si tu penses n'être en rien responsable de ses blessures à venir, ne change rien.

Dans le cas contraire…

POURQUOI NE DEVONS-NOUS PLUS ACCEPTER L'INACCEPTABLE ?

J'allais commencer par le « plus » inacceptable. Mais c'est un non-sens. Il n'y a pas de degré. Pas de « plus », pas de « moins ». C'est inacceptable, un point, c'est tout. Que certains n'aient pas accès à la nourriture ou à un logement décent est inacceptable. Je l'ai déjà écrit, mais deux fois, cent fois, mille fois valent mieux qu'une ! On ne peut accepter que le chef d'un État où des individus ne mangent pas à leur faim et dorment dehors aille se pavaner sur le yacht de son ami milliardaire. Oui, oui, bonjour Nicolas, c'est à toi que je parle ! Et même si cela avait été une Ségolène sur un Zodiac, « l'inacceptable » aurait été tout aussi invariable et indiscutable.

– OK, le constat est établi. Et vous proposez quoi ?

Je propose, outre le renforcement de la solidarité associative, un engagement politique ferme pour mettre définitivement un terme à cet abandon assassin.

– Ça, c'est des mots. Du vent. Des belles paroles bien populistes.

Je propose la création d'un « ministère des urgences » dont la mission sera d'éradiquer cette injustice sous deux ans à compter de la prochaine élection présidentielle. Et, avant que vous m'objectiez la problématique du financement, je propose de taxer à cet effet les bénéfices des plus grandes multinationales, des banques et d'y ajouter, si cela ne suffit pas, les recettes d'une diminution drastique des frais de fonction de tous les autres ministères. Ça vous va, ça ?

– Oui, mais…

– Y a pas de « oui, mais » ! J'ai dit inacceptable, donc indiscutable !

Car il s'agit bien là du respect premier de la dignité humaine : manger à sa faim et dormir à l'abri. Et c'est un des piliers du combat du D.A.R.D. Si nous arrivons à nos fins, nous demanderons que cette mesure radicale et concrète soit la première à être mise en chantier.

Et puisqu'au détour de l'abaissement des frais de fonction nous sommes entrés dans la politique politicienne, restons-y ! Voici un autre « inacceptable » : la conduite des députés au Parlement s'englue chaque jour un peu plus dans une médiocrité accablante. Le vieux palais Bourbon a connu de violents combats de rhétorique, des huées, des esclandres, mais aujourd'hui les braillements, les insultes gratuites, le mépris, la suffisance et les absences de nos élus ont dépassé toute mesure. On peut même y ajouter (si, si, je l'ai vu !) l'échange de SMS et les concours de Sudoku pendant les séances.

L'Assemblée nationale est devenue une basse-cour malodorante de son impolitesse, à nettoyer d'urgence. L'exemple est affligeant pour toute une jeunesse à qui l'on demande de bien se tenir en classe. C'est aussi simpliste que ça. On m'objectera que c'est le folklore républicain. Je répondrai avec une grossièreté dont je peux m'inspirer chaque mercredi après-midi devant ma télé : « Que le folklore républicain aille se faire foutre. Et que les élus irresponsables et orduriers en fassent autant ! »

Inacceptable également le show permanent de ces élus en promo ! En une semaine, j'ai vu dix responsables de la gauche « Titanic » geindre dans les médias sur leur animosité réciproque : « Qui va nous représenter en 2012 ? »... « Unetelle n'est pas invitée... Celui-là est incompétent »... « C'est celui qui dit qui est ! » Ras le bol ! Stop ! Plein le cul ! L'exaspération justifie ma grossièreté. Ce n'est pas pour ça qu'on vous a élus ! Pas plus que pour parader dans les magazines people ! En tout cas pas tant qu'il y aura un sans-abri crevant de froid sous des couvertures de papier journal dont, cynisme absolu, vous faites la une !

Parenthèse personnelle impromptue : à peine avais-je commencé ce chapitre sur « l'inacceptable » que mon téléphone a sonné. Hasard de circonstance. Un ami m'appelait pour prendre de mes nouvelles. Bouleversé, il m'a confié son dégoût du jour : deux jeunes gens avaient cambriolé sa voisine, une dame âgée. Pendant que l'un l'entraînait aimablement dans le jardin, prétextant avoir perdu son chat, l'autre volait tout dans la maison, y compris les souvenirs personnels de peu de valeur. Après leur départ, la vieille dame s'est écroulée de peur rétrospective et de chagrin. Morte.

C'est pas de l'inacceptable, ça ? Bien sûr, on retrouvera peut-être les deux garçons. Bien sûr, il est possible qu'on les enferme, puisque c'est la seule solution que la société a trouvée pour se protéger. Se protéger de quoi ? De ce qui a été ? Évidemment non, par définition. De ce qui sera, alors ? Je ne vois pas comment ça pourrait empêcher d'autres de le faire, et même ceux-là d'éventuellement recommencer.

Pour lutter contre cet inacceptable-là, je vous renvoie à ma tirade sur le manque de moyens de la justice. Mais surtout je pointe encore une fois du doigt la faillite de nos valeurs essentielles. Et surtout une : l'éducation. Et là, nous sommes tous coupables. Nous-mêmes, démissionnaires, ne martelons pas suffisamment à nos enfants le respect d'eux-mêmes et de tout autre. Nos excès disciplinaires de jadis ont pratiquement disparu, et c'est tant mieux. Mais ils ont fait place à un laxisme irresponsable. Atteints d'une sensiblerie nouvelle, nous punissons et privons de moins en moins. Culpabilisés par je ne sais quel amalgame de tyrannie, nous renonçons chaque jour un peu plus à notre autorité. Quelles que soient les jérémiades des associations trop bienveillantes et de nos enfants eux-mêmes, j'affirme que cette autorité n'a rien d'une barbarie supposée, c'est un devoir imprescriptible.

Dans le cadre du respect des autres, le D.A.R.D. demandera à ses membres de prendre beaucoup plus conscience de leur mission de parents, et de la fermeté qu'elle exige. Et surtout de cesser de renvoyer tous les torts sur l'autre éducation. La nationale. Le terme est d'ailleurs impropre. La mission première de l'école est d'abord d'enseigner. Elle ne doit être qu'un complément d'éducation à celle, privée, des parents. C'est un malentendu de taille qui fait bien plus de dégâts qu'il n'y paraît. Et autant à l'intérieur des familles que dans l'école elle-même.

Le malaise est devenu chronique, et celui-ci aussi est inacceptable. À la démission parentale est venue s'ajouter celle d'un État trop lâche et trop conditionné, encore une fois, par des projets électoralistes. « Évitons de proposer des réformes ambitieuses puisque ça finit à chaque fois dans la rue ! » De plus, le souci du résultat probant et rapide pousse le pouvoir à privilégier ce qui est au détriment de ce qui sera. Il est évident que faire un effort pour l'Éducation nationale ne peut apporter de résultats convaincants que sur le très long terme. La qualité des hommes et des femmes que l'on fabrique ne se constate que bien après la fin de leurs études. Mais là, le pouvoir risque de ne plus être entre les mêmes mains. Si, en plus, ce sont les concurrents qui bénéficient des résultats des réformes engagées, autant agir dans des domaines où ça se voit tout de suite ! Ce seront toujours autant de succès éventuels à brandir à l'approche de l'élection nouvelle. Joli calcul, non ?

Il en résulte des professeurs insuffisants en nombre, souvent sous-payés, harcelés, qui font ce qu'ils peuvent à défaut de faire ce qu'ils veulent. Que des élèves puissent en toute impunité insulter, frapper parfois leurs enseignants est inacceptable. L'utilisation du portable en classe est un détail tellement infime, presque anecdotique et pourtant si parlant. C'est pour moi tout aussi inacceptable. Et ne venez pas me parler, au mieux, de je ne sais quelle intransigeance d'un autre siècle, au pire, de fascisme éducatif !

Les parents et l'école construisent les hommes et les femmes de demain. Les défauts de fabrication sont de plus en plus nombreux. Ils ont des conséquences directes et incalculables sur l'échec social et la délinquance. Il est inacceptable, et surtout suicidaire de ne pas réagir. Dans ce domaine aussi, la prise de conscience de chacun et la mise sous pression pour pousser à une action prioritaire et autoritaire de l'État, font partie des missions du D.A.R.D.

Il serait bienvenu, dès les petites classes, d'imposer une fois par semaine une heure d'enseignement ou de débat autour du respect et de la dignité.

Le hasard d'un coup de téléphone m'a fait dériver d'un simple fait-divers à l'assainissement du « mammouth ».

– Drôle de raccourci ! me diront certains. Pensez-vous que ne pas répondre à la question : « Quelle est la date de la bataille de Waterloo ? » entraîne obligatoirement à attaquer des petites vieilles ?

– Sûrement pas. Mais si l'élève répond : « Va te faire foutre, je m'en branle ! » et qu'une fois puni, les parents approuvent leur enfant chéri d'un tonitruant : « t'as eu raison... De toute façon pour ce que ça va te servir ! », il ne sera pas surprenant que l'avenir du môme soit aussi une morne plaine. Surtout si l'État aussi (soyons raccord) « s'en branle »...

C'est encore une fois l'effet papillon. Il est omniprésent dans le combat que nous allons mener, même si je doute fortement de son effet réel sur l'inacceptable que je vais aborder maintenant. C'est évidemment l'inacceptable des profits démesurés, du gigantisme commercial et des abus de pouvoir et de l'exploitation de l'être humain qui les accompagnent. Si on se place au niveau mondial, autant dire que le pauvre « papillon » a déjà explosé en vol ! À l'échelle française, il lui reste encore quelques couleurs, mais tout juste. Allez, juste quelques railleries, histoire de sourire un peu :

« Il faut faire la guerre aux patrons voyous. » Ah, bon, on la fait déjà ? Vous plaisantez, je suppose ! Comment peut-on prétendre vaincre un ennemi sur le yacht duquel on est invité à se prélasser ? (Rebonjour Nicolas !)

Les patrons d'EADS ont tous été blanchis de l'accusation de prise illégale d'intérêts. Ce n'est pas une surprise. J'ai toujours fait confiance à l'injustice de mon pays !

Le ministre du Budget l'a affirmé sans rire. Le secret bancaire pourrait être levé en Suisse et dans d'autres paradis fiscaux. Enfin, un peu. Et puis finalement non, pas tant que ça… Bon, tant pis, merci quand même, ça fait du bien de rire un peu.

Les traders recommencent à percevoir des bonus faramineux. Après tous les efforts demandés aux Français et le soutien de l'État aux banques, c'est un comble, non ? Oui, mais on va les taxer, les vilains. Ah, bon, ça me rassure !

Le papillon esquisse un rictus. Il ne lui reste que ça : en sourire, plutôt que d'en pleurer. Les chansonniers applaudissent. Ce sont les seuls à qui ça rapporte. C'est déjà pas mal. Le reste des médias fait la « sourde plume ». Il faut dire qu'il y a tellement de sujets beaucoup plus urgents à mettre à la une ! Ouf, la grippe A est arrivée. Quoi ? Elle est déjà repartie ? C'est pas grave, vous allez bien nous trouver une tuberculose qu'on attrape uniquement au contact du volant de sa voiture !

Je persiste et signe : c'est inacceptable ! Et tant pis si ces mots ne soulagent que moi. C'est Guignol, un cirque lamentable, une pantomime à vomir. Que faire ? Apparemment, contempler et attendre. Ou alors nous unir, comme je le prône. À combien ? Combien, dites-vous ? Ah, non, beaucoup, beaucoup plus que ça. Et ce jour-là, qui sait ? Et même si les chances de gagner le combat contre ces inacceptables-là sont infinitésimales, il faut dès maintenant entrer en résistance, nous dire que nous sommes le maquis.

Jean Moulin à vent, alors ? Pas sûr ! Si notre nombre le permet, il est possible que par le seul chantage de nos bulletins de vote nous contraignions l'occupant. Mais il va falloir faire vite. Parce que si l'inacceptable n'est pas balayé rapidement par notre combat démocratique, je crains que nous ne soyons débordés par la résistance armée. Je ne la prône évidemment pas, mais encore une fois je redoute son imminence. À moins qu'il ne soit déjà trop tard…

Pessimiste, alors ?

Oui, par bonheur !

Pourquoi ne devons-nous plus accepter l'inacceptable ?

Parce que si je ne l'étais pas, je n'insisterais pas tant sur l'urgence.

Optimiste ?

Oui aussi, hélas !

Sinon, l'urgence serait de cesser d'écrire.

POURQUOI FAUT-IL « RECOLLER » LA FRANCE ?

Les parcelles sont innombrables : la France d'en haut, la France d'en bas. La France des banlieues, la France des campagnes. Celle qui dirige, celle qui subit. Celle des étudiants, celle des enseignants. Celle des malades, celle des médecins. Celle qui fait la grève. Celle que cette grève empêche d'aller travailler. La France bénévole, celle qui s'en fout. La France qui part en vacances, celle qui lui vend ses vacances. La France qui fume, qui boit. Celle qui ne veut pas qu'on fume, qui ne veut pas qu'on boive. Des milliers de parcelles. Un découpage savamment entretenu par nos égoïsmes et nos peurs, bien entendu, mais aussi par un pouvoir politique qui, principe immuable de sauvegarde, divise pour mieux régner.

C'est quoi l'identité nationale sociale ? Un puzzle. Et de décisions consternantes en laxismes parfaitement calculés, le pouvoir s'échine à ce que surtout les pièces ne s'emboîtent pas. Il ne manquerait plus que ça ! Monter les riches contre les pauvres, les immigrés contre les « natifs », les fonctionnaires contre les usagers, tout est organisé pour qu'il n'y ait aucune velléité d'union. La seule solidarité réelle est une contrainte commune : un abrutissement fiscal hors normes que nous acceptons tous sans la moindre rébellion de masse.

« Recoller la France », c'est tenter de rapprocher les pièces du puzzle par l'amélioration de nos comportements et par la pression exercée sur le pouvoir. La démonstration la plus parlante de l'absurdité de nos fractures est celle touchant aux rapports opposant fournisseurs de services et usagers. Il ne se passe pas un mois sans qu'une grève paralyse tel ou tel secteur public ou privé. Que ce soit Air France, la SNCF ou les routiers, la prise en otage systématique de l'usager est insupportable. D'autant qu'elle ne favorise que ceux dont l'outil de travail permet ce genre de blocage. Il fait quoi, le coiffeur mécontent ? Il met des bigoudis sur la route ? Bien évidemment, il est hors de question de contester le droit de réclamer des augmentations de salaire ou des conditions de travail plus dignes.

C'est la méthode, que je réprouve. Les syndicats vous diront que susciter le ras-le-bol populaire en paralysant l'usager est le seul moyen de se faire entendre par les patrons et par l'État. Y en a-t-il un autre ? Bien sûr. Deux, même. Et les deux consistent à pénaliser uniquement les responsables, ce qui me semble d'une logique absolue. Ce sont les patrons et les politiques dont il faut paralyser les intérêts et les déplacements. Ces gens-là ont des maisons particulières, des ministères. C'est là qu'il faut agir, qu'il faut camper. Je sais que c'est à la limite de la légalité, mais c'est aux décideurs seuls qu'il faut « pourrir la vie ». Ce blocage individuel est le premier moyen. Le deuxième est de pénaliser non pas aux dépens de l'usager mais à son profit : péages gratuits, distribution sauvage sont des armes de pression tout aussi redoutables. De telles actions auraient en plus l'avantage de rallier toute la population. En résumé, il faut arrêter de se tromper de cible. L'action revendicative oui, mais uniquement au détriment des seuls responsables. C'est une des façons de recoller les pièces du puzzle.

Dans la société du spectacle, ces pièces aussi s'éloignent de plus en plus. Dans le sport, le fossé entre les acteurs et les spectateurs s'est creusé de façon indécente. On en est arrivé à l'exact contraire des jeux du cirque de la Rome antique, c'est dire si on a reculé. Aujourd'hui, ce sont des pauvres qui s'assoient pour regarder combattre des riches. Dans leur course au rendement, les clubs se sont engouffrés dans un tunnel sans fin où la surenchère est le moteur premier. Et ce système accouche de stars gavées de façon totalement indigne, de supporters de plus en plus haineux, et surtout d'une escalade financière qui généralise les déficits et nous entraîne à coup sûr vers une crise financière sportive semblable à l'explosion de la bulle boursière.

Il serait pourtant si simple de limiter les budgets des clubs, en imposant des plafonds de financement selon les particularités de chaque discipline. Cela aurait l'avantage, outre l'assainissement des trésoreries, de ramener les salaires à des proportions plus décentes, et éventuellement de baisser le prix des places. Un autre avantage, et pas le moindre, serait l'équilibrage purement sportif des compétitions. Le plus riche qui gagne, est-ce que c'est vraiment ça, le sport ? Non ? Et pourtant, c'est aujourd'hui l'équation la plus répandue.

Dans le spectacle vivant (chant, comédie, expression théâtrale), le déséquilibre est plutôt inverse. Laissés-pour-compte dans une société qui se préoccupe de moins en moins de l'art ordinaire, les intermittents ont de plus en plus de mal à survivre. Bien sûr, des subventions pharaoniques continuent à être données généreusement à des entreprises dont l'essentiel du talent est d'être amies intimes avec ceux qui les attribuent. Mais encore une fois, ce sont les petits qui en crèvent. On ne peut forcer personne à aller voir des spectacles de débutants ou de qualité discutable. Mais c'est de l'art, et il est essentiel d'en favoriser sinon la pérennité, du moins les tentatives. Il suffit pour cela de faire un véritable effort sur l'abaissement des charges et d'obliger les décideurs publics (mairies, régions) à consacrer un peu plus de financement à ces manifestations et à en multiplier le nombre.

Pour ce qui est de l'avènement d'Internet et des pillages en règle qu'il a permis au détriment des créateurs, il est totalement absurde de s'en prendre aux utilisateurs. On ne consomme que ce qu'on nous pousse à consommer. On peut faire un parallèle avec la drogue. Ce sont les dealers les premiers responsables. C'est donc, pour moi, aux plateformes de payer le manque à gagner.

Changeons de parcelles, changeons de sujet. On ne peut pas passer sous silence la rupture de plus en plus nette entre ceux qui punissent et ceux qui sont censés obéir. Il suffit d'un uniforme d'écart. Le système de répression est tellement malsain que (comme je l'ai déjà écrit, mais c'est tellement significatif de l'absurdité de la situation), les policiers eux-mêmes sont dégoûtés des quotas d'amendes qu'on leur impose.

Le citoyen, s'il s'amuse à faire le compte, durant toute sa vie, du nombre de fois où la police l'a aidé opposé au nombre de fois où elle l'a contraint, comprend très vite de quel côté penche la balance. Quant au policier, entre une image médiocre, des moyens insuffisants et les incivilités répétées, il se laisse aller au mieux à un exercice de son métier a minima, au pire au renoncement. On ne compte plus les suicides à l'arme de service.

Les deux parcelles s'éloignent de plus en plus parce que la police elle-même, autant que la population, se sent de moins en moins protégée. L'administration tolère sans broncher, encore pour des raisons électoralistes, qu'elle soit insultée ou agressée. Il en résulte des excès de pouvoir et des abus d'autorité de la part de ses représentants exaspérés qui, s'ils ne sont pas admissibles, sont, au vu de l'abandon par leur hiérarchie, compréhensibles.

Notre amélioration de comportement exige que nous considérions d'abord un policier comme un être humain, une personne comme vous et moi qui, débarrassée de son uniforme ou de son brassard, a les mêmes soucis de famille, les mêmes tendresses aussi. Le pouvoir, quant à lui, se doit d'être intraitable sur le manque de respect et l'atteinte à la dignité que subissent quotidiennement ses présumés « gardiens de l'ordre ». Cet ordre est essentiel à notre sécurité. Il ne doit être ni bafoué impunément, ni imposé de façon aveugle au mépris de la liberté individuelle. C'est encore une question de mesure. Autant il est inadmissible que l'uniforme soit souillé sans punition exemplaire, autant les « shérifs » au zèle agressif et tyrannique devraient être exclus de l'administration policière sur-le-champ et sans états d'âme.

Les quelques « parcelles » que je viens d'évoquer sont des exemples pris çà et là (l'ensemble est tellement « riche » qu'il faut bien faire un choix). Elles sont établies et leur distance est permanente. Il est d'autres parcelles qui se créent au fil de la vie courante et disparaissent aussi rapidement qu'elles sont apparues. Il suffit parfois d'un insigne officiel, d'un guichet pour monter une barrière d'une catégorie d'individus à une autre.

La suffisance imbécile de l'employé d'administration à l'égard du consultant, du caissier vis-à-vis du client est monnaie courante. Résultat : que de temps perdu en brimades et animosités pour des motifs le plus souvent futiles ! Le Français est râleur, soit, mais il serait bienvenu que nous nous efforcions à plus de retenue dans ces rapports-là. Et des deux côtés du guichet. Il ne s'agit pas de demander à chacun de devenir un agneau bien lisse, mais un véritable effort de politesse et de compréhension mutuelle dans ces situations-là nous faciliterait la vie.

Il est vrai que mes propos font un peu donneur de leçons, mais ce n'en sont pas. Ce ne sont que des remarques, tout au plus des conseils, parce que ces parcelles plombent de plus en plus une unité nationale qui est un des piliers de notre bien-être.

Cette unité est aussi bien souvent mise à mal par la représentation qu'on en fait. Je veux parler de la surexposition et de la sous-exposition dans les médias. Le problème des banlieues, les drames des villes, la peopolisation sont omniprésents dans l'information. Et bien loin de tout ça, les agriculteurs, les éleveurs, les viticulteurs, les marins pêcheurs doivent se contenter de la portion congrue. La clique médiatique ne daigne s'intéresser à leurs soucis qu'à l'occasion de catastrophes météorologiques ou d'accidents professionnels. Et pourtant, eux aussi ont leurs colères, leurs blessures, leurs dégoûts d'être laissés pour compte.

Cette France rurale ou « petite citadine », est géographiquement bien plus étendue, et humainement aussi riche que celle des grandes agglomérations. Malgré cela, un vandalisme de bandes de banlieues fait plus de gros titres que les multiples agressions que subissent les petits commerçants de province. Le suicide manqué d'un people en vogue s'étale à la une de toute la presse. Les suicides quotidiens des paysans à bout de souffle n'ont droit qu'à quelques lignes dans le journal local. C'est le symbole d'un éloignement de plus en plus criant des élites et de la base. Cette scission médiatique est sans doute une des plus représentatives du grand écart entre le microcosme médiatico-politique parisien et les réalités de la province.

Je le connais bien, ce petit monde de la capitale arrogant, suffisant, persuadé que seule sa perception des événements est pertinente. Ils sont une poignée de personnages tout en fatuité qui s'autocongratulent au cours de déjeuners qui n'en finissent plus. Des stakhanovistes de la note de frais ! Ils sont éditorialistes, décideurs, responsables de ci, directeurs de ça, analystes, conseillers. Leur train-train est fait d'amitiés particulières et de lobbying forcené. Ils ont fait du relationnel de caste un art de vivre. Par malheur, ils sont surpuissants. Ils peuvent « assassiner » Untel ou glorifier un autre sur la seule base de leur humeur du jour. Ils ont surtout un mépris chronique pour ce qu'ils appellent au mieux « la France profonde », au pire « les blaireaux ». Ce sont eux qui décident de ce que vous devez savoir. En conséquence, ils se veulent aussi les maîtres de ce que vous devez penser. Ils sont un des plus grands virus de notre société parce que solidement accrochés et terriblement influents. Ce seront les premiers ennemis du D.A.R.D. À nous de les combattre avec une conviction à la hauteur du mépris qu'ils diffusent.

Je voudrais terminer cette démonstration synthétisée d'une « France parcellaire » avec deux pièces du puzzle qui nous concernent tous au quotidien, et dont chacun ne mesure peut-être pas à quel point leur éloignement est grandissant : la médecine et ses patients. Si on veut faire de l'humour, patient est bien le mot, quand on constate le manque d'empressement de certaines urgences d'hôpitaux. C'est tout aussi adéquat quand on sait comme il est périlleux d'avoir « le culot » de tomber malade un dimanche ou un jour férié. Bien sûr, le dévouement du personnel médical est très souvent exemplaire, mais encore une fois, les moyens insuffisants sont à l'image d'un pouvoir politique qui a choisi de délaisser de plus en plus les « improductifs ».

C'est là que la philosophie du D.A.R.D. prend sa pleine mesure. Là où on s'aperçoit le mieux que ces décideurs n'ont pas du tout intégré l'évidence humaniste : l'autre, c'est moi.

Faudrait-il les contaminer et les clouer au lit pour qu'ils comprennent enfin l'urgence à repenser toute la politique de l'accès aux soins ? Des conditions d'accueil qui se délitent à l'impuissance du personnel insuffisamment considéré, insuffisamment rémunéré, il est urgent que le système de santé commence par se soigner lui-même. Combien faudra-t-il de canicules, de maladies nosocomiales, de décès prématurés faute d'avoir les moyens d'accéder aux techniques de diagnostic modernes pour qu'enfin il y ait une prise de conscience au plus haut niveau de l'État ?

Et c'est ce satané besoin du « toujours plus » qui, là aussi, fait des ravages : de moins en moins de généralistes parce que la spécialisation permet des profits bien plus alléchants. De moins en moins de pédiatres. Des maternités fermées, les campagnes délaissées par des médecins insuffisamment payés et considérés. Des vieux dont on se débarrasse dans des mouroirs, dont certains sont livrés sans aucun contrôle à des intérêts privés qui n'ont que le seul souci de la rentabilité, au détriment de toute dignité. Certains laboratoires qui ne se focalisent, le plus souvent, que sur le remède de masse. À se demander s'ils n'en arriveront pas un jour à propager eux-mêmes des virus pour augmenter leurs capacités de vente. Certains prétendent même que c'est déjà fait.

L'État encore coupable ? Évidemment. Il ne tient qu'à lui de multiplier le personnel hospitalier, de subventionner la médecine ordinaire, d'être drastique sur les spécialisations abusives, d'être cent fois plus vigilant sur les excès de tous ceux qui se repaissent sans scrupule.

Et nous alors ? Il y a sûrement un petit quelque chose à améliorer. Nous abusons tellement souvent d'un système protecteur pour des pathologies bénignes, ou en nous complaisant dans des arrêts de travail injustifiés.

– Alors là mon pote, si tu crois que les Français vont arrêter d'escroquer la couverture sociale, c'est plus de l'utopie, c'est du délire pathologique, justement !

Tiens, ça faisait longtemps que Monsieur Bon-Français ne m'avait pas abreuvé d'un lieu commun imparable ! Bien sûr que je rêve. Je sais bien que cette conscience de l'intérêt de la communauté avant celle de son propre intérêt est une chimère. Mais, à titre tout à fait personnel, et compte tenu de mon train de vie, il y a une foule de médicaments occasionnels et de consultations de contrôle que je ne me fais pas rembourser. C'est ma contribution de conscience personnelle au trou de la sécu. Ça ne le comble pas, mais ça a le mérite de ne pas le creuser. Demander à tous ceux qui vivent aisément de prendre modèle sur moi est là aussi une illusion. Mais l'État, encore lui, serait peut-être bien avisé d'imposer, par un décret, qu'à partir d'un niveau de revenus élevé, une somme annuelle conséquente de frais médicaux soit non remboursable. Serait-ce vraiment du délire ?

J'ai conclu ma démonstration de cette France à recoller d'urgence par la médecine, parce que, métaphoriquement, notre pays souffre de multiples fractures. La réduction de ces fractures passe, comme en médecine traditionnelle, par du repos. Il faut cesser de courir à tort et à travers sans se soucier des autres. Attendre le temps de cicatrisation avant de reprendre la compétition. Sinon le mal empirera. C'est à l'État, « médecin chef », de prendre en priorité les mesures du traitement. Quant à nous, riches, pauvres, citadins, ruraux, fonctionnaires, usagers, flics, contrevenants, sportifs, spectateurs, actifs, improductifs, il faut nous contraindre à nous rapprocher pour tenter de remboîter les pièces du puzzle.

« L'autre, c'est moi » est, plus que jamais dans ce cas de figure, la devise à appliquer.

Le D.A.R.D. peut être un ciment.

Certainement pas à prise rapide.

Mais étalons-le dès maintenant, et attendons que ça sèche !

POURQUOI FAUT-IL RÉHABILITER L'AMOUR UNIVERSEL ?

Un accrochage automobile tout bête. Refus de priorité. Les dégâts sont minimes. Les deux conducteurs sortent en vociférant, et ils en viennent aux mains. Imaginons le même accident et les mêmes dégâts matériels. Mais ajoutons le fait que les deux conducteurs sont frères. Le premier dialogue sera :

– Ça va, tu n'as rien ?

– Non, toi non plus j'espère !

C'est l'amour. Cet amour qui assainit toute chose et nous épargne tant de moments perdus en animosité stérile. L'amour, valeur refuge. Comme l'or des rentiers. Hélas, son cours est au plus bas. Ballotté entre la vanité, la course au succès individuel, l'appât du gain, l'indifférence, la jalousie, l'égoïsme, ce pauvre amour tente, avec peine, de se faufiler dans le peloton de tête des moteurs de la société. Et pourtant, il devrait caracoler en tête.

– Et revoilà le prêcheur ! Tu nous saoules, Patrick ! Ils sont bien beaux tes discours, mais quand je veux faire le plein, j'y mets quoi dans le réservoir de ma bagnole : de l'amour ? C'est l'amour qui va payer mon crédit en fin de mois ? Et mes impôts, je lui dis quoi au percepteur ? « Attendez, je vais vous faire un virement d'amour ! » Et, bien sûr, le petit voyou qui a agressé ma femme pour lui piquer son sac, c'était par amour !

Qu'est-ce que tu veux répondre à ça ? Sinon que malgré ces évidences, je prétends que l'amour est la clé de tout. À propos, c'est quoi au juste, cet amour que je tiens pour indispensable ? Des câlins, des regards doux, des sourires, un angélisme béat devant les turpitudes multiples de tous ceux qui nous entourent ? Une bénédiction bienveillante pour chaque exaction, chaque trahison courante ? Non. Bien sûr que non !

Nous devons aimer l'autre parce que l'autre c'est nous, et nous devons tout faire pour qu'il nous aime en retour. Aimer c'est comprendre, pardonner autant qu'il nous est possible, et nous fondre dans l'autre au point de ne jamais lui infliger ce qu'en aucun cas nous n'aimerions subir. Dans toutes les circonstances et sans exclusion. C'est ça l'amour… Entre autres. C'est en tout cas ce que j'appelle « l'amour universel ». L'expression est un peu pompeuse, mais le fait que cet amour n'ait de frontières ni morales ni matérialisées justifie cette petite concession à l'emphase.

L'exprimer avec des mots sera, de toute façon, toujours maladroit ou incomplet. Parce que cette chaleur qui stagne en nous est sûrement la sensation la plus difficile à définir. On l'associe souvent au cœur. Ce n'est qu'une réduction tout à fait symbolique. Une illusion anatomique. Heureusement que cet organe n'est pas, seul, le « siège officiel » de cette force formidable. L'amour universel occupe chaque recoin de notre écorce, et, par je ne sais quelle alchimie d'expulsion, il déborde de nous pour offrir à l'autre le meilleur de ce que nous sommes.

Tout cela est bien abstrait, j'en conviens, et je pourrais écrire encore des pages et des pages, poétiques à souhait, mais qui ne vous convaincraient pas vraiment de l'urgence à considérer le pouvoir de ce sentiment unique comme ultime recours, comme dernière bouée, dans le naufrage qui nous menace. Car nous coulons. À pic ! Chaque nouvelle sur nos écrans ou dans nos journaux nous le démontre. Le monde est incohérent, désarticulé, d'une cruauté infinie, et nous continuons à exacerber nos orgueils et nos aveuglements au nom d'une sauvegarde personnelle imbécile.

Soyons concrets : qui sont nos icônes indiscutables ? Si je réponds Mère Teresa, Luther King, Mandela, Gandhi, ils seront bien peu à ne pas approuver la justesse de mon choix. Quel est le fil qui les relie ? « L'amour universel ». Alors c'est quoi cet entêtement à nous conduire exactement à l'envers de leur exemplarité ?

Pour la plupart, nous ne distillons l'amour commun qu'à nos très proches. Famille et amis forment un premier cercle. Au-delà, dans nos professions et nos loisirs, nous nous plions à la politesse d'usage, garante d'une entente, au minimum amicale, au maximum conviviale. C'est le deuxième cercle. Après, c'est le néant ou presque. Nos regards dans la rue sont absents, éteints, comme si nous croisions des « choses ». Un sourire gratuit parfois, mais tout juste. Et les autres en face, pareils.

L'amour universel, c'est d'abord ça : un regard. Envoyer à l'autre, quel qu'il soit, un message de bienvenue. Le regarder, sinon avec insistance, du moins sans crainte. Nous ne savons plus nous regarder dans les yeux. Comment voulez-vous que nos âmes se rapprochent, puisque d'après l'adage, ces yeux justement, en sont le reflet ? Ainsi seuls, au milieu d'autres « seuls », nous nous croisons dans la rue d'espèce à espèce sans oser nous identifier. Serions-nous l'animal le plus stupide de la création ? Je me demande si les oies qui volent ensemble ou les sardines qui font banc commun ne communiquent pas plus que nous. Et en plus nous avons la parole. Quel gâchis !

– C'est donc ça qui va changer le monde ? Regarder les gens dans la rue et leur dire « coucou, ça va ? ». Tu nous prends pour des imbéciles ?

Ce n'est pas seulement ça, bien entendu. L'amour universel c'est aussi le partage. Rire ensemble, s'émouvoir ensemble. Se trouver un écho. Et, évidemment faire profiter l'autre de ses biens propres. Matériels ou non. Partager sa table, sa maison, mais aussi son savoir, son expérience.

– Ben voyons ! Comme on dit chez moi : « Donne à manger à ton cousin, il te crache dans la main ! »

Justement, c'est ça le plus important : donner sans rien attendre en retour. L'amour universel ne fait pas de calcul. Il est désintéressé. Il doit se donner pour se donner. Sans l'espoir d'un écho. C'est pour cela que je le sépare distinctement de l'amour de couple dans son imagerie traditionnelle.

L'amour prétendu d'un conjoint, d'une conjointe se nourrit trop de la possession. Les chagrins d'amour sont souvent des chagrins d'amour-propre. « Je t'aime, donc tu es à moi, et rien qu'à moi, et je n'accepte pas que tu aies du bonheur en dehors de moi ! » Bien sûr, il y a de l'amour dans une telle relation, mais pas suffisamment. La part de propriété est trop importante. L'amour universel est d'accepter tous les bonheurs de l'autre, sans aucune exception, d'où qu'ils proviennent.

– Et allez ! Ça, je m'y attendais ! C'est les boîtes échangistes qui te montent à la tête. Si j'aime vraiment ma femme, faut que je te la prête !

Non merci ! Il ne s'agit pas de ça. Ce que je veux dire, c'est qu'il y a une grande distance de l'amour conjugal à l'amour universel. Dans l'amour universel, personne n'appartient à personne. On est heureux de tout le bien qu'il arrive à l'autre, et ce, quelle que soit la manière dont il vient, et qui que ce soit qui le prodigue. L'amour universel ne connaît pas la jalousie. Il n'est jamais envieux.

À titre personnel, j'ai eu souvent l'occasion de tester la force de cet amour universel dans mon métier ainsi que dans le sport. Quand les chiffres d'audience d'une de mes émissions étaient inférieurs à ceux de mes concurrents, je me suis toujours appliqué à me projeter dans leur bonheur à eux. Et, à chaque fois, cela a largement atténué ma propre déception. C'est une contrainte assez délicate à s'imposer, mais je vous jure qu'elle est toujours positive. C'est appréhender sa défaite en s'efforçant d'être heureux pour ceux qui vous l'ont infligée. Il faut s'efforcer de se dire : « Aujourd'hui ce sont eux qui chantent, demain ce sera moi. Je préférerais être à leur place, mais je suis content pour eux ! » Non seulement ce comportement est salué par la reconnaissance des autres, mais il allège considérablement le poids de la désillusion.

Lorsque j'ai été président du club de rugby de Brive, j'ai aussi appliqué ce principe de « fair-play amélioré » à chaque défaite. Dans tous les cas, il a rapidement guéri ma contrariété. Bien plus que si j'avais gardé au cœur cette boule de frustration et de jalousie du bonheur de l'autre, qui de toute façon n'aurait rien changé puisque le résultat était acquis.

– C'est des conneries tout ça ! Moi quand le PSG perd, ça me fout les boules et l'OM c'est des pédés !

Tiens, ça nous manquait, ça ! l'insulte primaire, grossière et de surcroît homophobe. Enfin, homophobe ou anti-« tout ce qui ne me ressemble pas » : « Pédé ! »… « Sale Juif ! »… « Sale Nègre ! »… « Sale Blanc » (Eh oui, ça existe aussi !), etc.

La tolérance est évidemment une composante essentielle de cet amour universel à réhabiliter. L'appartenance religieuse, raciale, sexuelle érigée en insulte est un fléau redoutable. C'est le miroir des « handicapés de l'amour ». Le meilleur reflet de leur inhumanité. La « chasse aux pédés », les insultes physiques, l'antisémitisme, la haine des tribunes des stades, l'avilissement des prostituées, et tant d'autres « lynchages » convenus sont indignes d'une société de progrès. La liberté de comportement de chacun s'arrête où commence celle des autres.

Elles font du mal à qui, ces deux femmes qui s'embrassent ? Ce croyant qui prie le dieu qu'il a choisi, ça nous enlève quoi ? Et pour élargir mon propos à des ségrégations bien plus ordinaires, mais qui persécutent tout autant : recouvrir son corps de tatouages, se raser la tête ou arborer des cheveux multicolores, en quoi cela empiète-t-il sur la vie des autres ? Et en quoi est-ce infamant d'écouter la musique qu'on aime, qu'elle soit de rave party ou de bal musette ?

– Tout est amour alors, même les salons de coiffure et l'accordéon ?

Tout n'est pas amour, mais tout dépend de l'amour. Les exemples peuvent se citer par milliers. Je veux juste en détailler un. Parce qu'il est significatif tant il paraît de prime abord éloigné du sujet : les accidents de voiture. Qu'est-ce que l'amour peut changer à une erreur de conduite ou à un carambolage ? Tout, justement ! Si nous étions plus « amoureux » de notre prochain, l'exposerions-nous autant à des drames, des deuils insupportables, juste pour le plaisir de gagner quelques minutes de trajet ? Et si nous aimions vraiment ceux que l'on transporte, nous autoriserions-nous à prendre le volant ivres ou camés ?

C'était un exemple parmi tant d'autres. Quels autres ? Tiens, au hasard : toutes les analyses prouvent que, sans l'ombre d'un doute, les assassins les plus abominables ont eu des enfances massacrées par le manque d'amour. La quasi-totalité des internements en hôpital psychiatrique ont la même cause. La maltraitance des enfants, l'abandon des vieux, les bagarres de rue, les naufrages dans l'alcool, les suicides, les rancunes de famille sont autant de drames dus majoritairement au manque d'amour. La liste n'est pas exhaustive, vous pouvez en consulter la suite chaque jour, à la page faits-divers de vos quotidiens.

S'aimer mieux, même ce n'est pas le bouclier absolu contre le pire, est une protection renforcée. S'aimer mieux, même si c'est un discours ancien (zéro avant J.-C.), est certainement le programme politique le plus avant-gardiste. S'aimer mieux, même si nous en arrivons au chaos plus que prévisible qui anéantira la société telle que nous la cautionnons par notre inconscience, sera la base de toute reconstruction, j'en suis certain. Je ne me prends pas pour un visionnaire, je suis tout simplement lucide !

La voix qui me haranguait depuis le début de ce chapitre s'est tue. C'est moi qui l'a fait taire. Facile, c'était la mienne. C'était la part de moi, primaire et idiote, qui conteste tout. La part de vous, pétrie de certitudes imbéciles, qui refuse de croire à autre chose qu'à une réalité établie et incontournable. La part de nous tous, englués dans des convictions terre à terre, des principes de survie matériels, des lâchetés ordinaires.

On dit que l'amour est aveugle. Je pense que non. En revanche, je souhaite qu'il soit sourd. Sourd à cette voix qui nous assaille sans cesse de : « Tout ça, c'est des délires d'idéaliste ! ». Les boules Quies, c'est le Walkman des optimistes ! Je persiste et je signe · il faut y croire ! Ce sera d'ailleurs l'intitulé du dernier chapitre des « pourquoi » que je vais développer maintenant.

Auparavant, je vais donner une dernière fois la parole à « la voix ».

– Tout ça, c'est bien beau. Mais moi, je suis pas du genre à me laisser endormir par des formules bidons. J'en reviens à la base : le réservoir de ma bagnole, je le remplis avec quoi, de l'amour ?

Imagine juste que le D.A.R.D. réussisse sa mission. Imagine juste qu'avec un peu plus d'amour de l'un à l'autre nous bouleversions nos comportements individuels. Imagine juste qu'une fois unis au nom de cette victoire commune, notre nombre ait suffisamment de force pour faire pression sur ceux qui nous exploitent sans aucun scrupule. Imagine juste que les politiques, contraints par le pouvoir de notre multitude, contraignent à leur tour les multinationales à des marges plus raisonnables. Imagine juste qu'une de ces multinationales soit la compagnie pétrolière qui alimente ta station-service. Eh bien oui, ce jour-là, tu pourras considérer avoir rempli une partie de ton réservoir avec de l'amour !

– Et pour le gonflage des pneus ?

C'est bon, laisse tomber, tu n'as rien à faire au D.A.R.D. !

– Je suis trop con, c'est ça ?

Non. Tu n'es pas prêt, c'est tout. Mais qui sait ? Un jour peut-être, toi aussi…

POURQUOI FAUT-IL Y CROIRE ?

Le dernier chapitre du « pourquoi » sera très bref et un peu plus personnel. Cette dernière question posée : « Pourquoi faut-il y croire ? » n'appelle aucune réponse concrète. Juste des pressentiments. Elle est l'occasion d'une dernière mise au point avant d'aborder le « comment ». Je veux d'abord apporter quelques précisions indispensables sur la teneur de mon engagement.

J'ai souhaité lancer ce rassemblement en deux temps. D'abord, il y a eu l'annonce du projet, et quelques mois plus tard, la parution de ce manifeste et la création effective du D.A.R.D. J'ai agi ainsi pour prendre en rafale, dès le début, toutes les attaques et moqueries prévisibles. Je connais suffisamment les médias et la nature suspicieuse du Français moyen pour anticiper sans mal les réactions à un tel effet d'annonce.

Tout s'est déroulé à peu près comme je l'imaginais, au regard de mon statut de saltimbanque : les ricanements hautains de certains journalistes, la démolition en règle des humoristes et les commentaires insultants de certains internautes qui font du crachat systématique leur seule raison d'exister, les pauvres. Je n'ai aucune rancœur particulière contre ces gens-là. C'est le contraire qui m'aurait interpellé. Mais j'ai envie de leur conseiller, une fois leur fiel déchargé, de regarder de plus près ce que je propose exactement. Je les invite aussi à ne commenter que la vérité et non ce qu'ils interprètent souvent à contresens. Et le tout, en tenant compte de quelques données personnelles essentielles à la bonne compréhension de mon engagement.

Premièrement, Le D.A.R.D. n'est pas un parti politique. Je l'ai dit et répété, mais il faut encore le marteler pour être certain que cette évidence soit bien comprise. En aucun cas, je ne briguerai un poste d'élu quel qu'il soit. Cela exprimé pour faire cesser les assimilations à la démarche de mon copain Coluche. Il s'était engagé dans une farce et ce n'est pas mon cas. J'étais avec lui le lendemain de sa décision de tout arrêter. Bien des choses l'y on contraint. Il n'est pas question de polémiquer, mais la fermeture des accès aux radios et aux chaînes de télé a pesé lourd dans la balance. Aujourd'hui, ce risque existe toujours, mais Internet apporte un moyen d'expression qui, s'il avait existé à l'époque, aurait peut-être changé bien des choses. C'est une des premières raisons pour lesquelles il faut y croire. Quelles que soient les pressions ou les censures à venir, il restera toujours un champ d'expression libre.

Deuxièmement, on ne peut pas me taxer d'opportunisme. Le discours que je défends est le même depuis toujours. Je précise cela, dans le cas où fleuriraient çà et là des engagements similaires venant de gens se découvrant soudain « touchés par la grâce ». Sans douter systématiquement de tout copier-coller de mon action, je fais cette mise en garde par précaution. Je connais trop bien les arcanes du pouvoir politique pour ne pas sous-estimer leur capacité de réactivité.

Si vraiment le D.A.R.D. devenait encombrant, une des meilleures solutions de décrédibilisation serait de lancer en sous-main un ou plusieurs mouvements semblables pour le noyer dans la masse et faire passer tout cela pour un effet de mode. Qui sait, d'ailleurs, si au moment de la parution de ce manifeste ce n'est pas déjà fait ?

Enfin, pour en terminer avec mes motivations personnelles, j'ai beaucoup plus à perdre qu'à gagner dans ce combat. Je ne vais pas chercher une célébrité que j'ai déjà. Je ne vais pas chercher non plus le pouvoir politique puisque je refuse catégoriquement de l'exercer. Je ne vais pas chercher de l'argent puisque je financerai le rassemblement en grande partie sur mes fonds propres. Pour finir, ma situation professionnelle ne souffrant d'aucun creux de vague ne peut pas non plus attirer sur moi des soupçons de carriérisme. Cette mise au point me paraissait importante. Elle pourra permettre à mes détracteurs de s'exprimer, sinon en toute bonne foi, du moins en parfaite connaissance de cause.

Je veux aussi ajouter, parce que je connais bien le pouvoir de la malveillance, que si mon engagement venait à prendre une véritable importance, il ne serait pas surprenant que je sois la cible de tentatives de décrédibilisation soit anecdotiques, soit bien plus sordides. À partir de ce jour, quelles que soient les rumeurs entretenues à mon propos, soyez toujours d'une vigilance extrême. Je ne dis pas qu'elles seront toutes infondées, mais votre devoir sera d'être suspicieux, et de ne rien prendre pour argent comptant sans preuves irréfutables.

Quant à mes amis proches qui craignent pour ma santé, qui me disent que ce que j'entreprends serait d'autant plus dangereux que je réussirais, je veux qu'ils sachent qu'au point de vie où j'en suis, je n'ai peur de rien, ni de personne.

Il faut y croire, parce que tout ce que je viens de vous exposer vous prouvera que ma conviction est sincère et surtout inébranlable. Parce que rien ne me fera reculer, même si les forces contraires qui s'emploieront à décrédibiliser mon action parviennent à leurs fins. La cause est juste. Et de toute façon, l'essence du D.A.R.D., qui est d'appartenir en premier lieu à ceux qui le composent, fera que cette cause survivra au-delà de moi.

Il faut y croire, parce que les observateurs les plus compétents, les économistes les plus fins avouent que si l'être humain et sa prise en considération ne redeviennent pas les enjeux premiers de la société, celle-ci court à toutes les catastrophes : écologiques, économiques, humanitaires et sociales.

Il faut y croire parce que je suis convaincu que la majorité d'entre nous n'attend que le signal du rassemblement. Et s'il est une cause qui peut fédérer sans arrière-pensée, c'est bien celle qui tend à considérer le respect et la dignité de chaque être qui peuple notre pays comme priorités absolues de toute politique.

Il faut y croire également, parce que, aussi réducteur que ça puisse paraître, il faut bien croire à quelque chose de nouveau. C'est aussi bête que ça ! À moins que ce soit intelligent, allez savoir !

Il faut y croire enfin, parce que notre pays déborde aussi d'enthousiasmes, de bonheurs et de générosités. Ce manifeste peut vous sembler pessimiste, voire décourageant, dans tout ce qui est le constat d'une France divisée, décrépie et sur le point d'exploser. Cela ne doit surtout pas vous empêcher de garder le sourire. Mon but est seulement de tenter de disperser les nuages. Mais le soleil existe. En rayons, qui transpercent chaque jour la grisaille pour éclairer les yeux des familles heureuses, les tables de copains, les fêtes, les solidarités, les éclats de rire, les baisers tendres. Je veux juste que ce soleil brille un peu plus. Et surtout pour tout le monde.

Depuis trente ans, à ma façon, j'essaie d'illuminer vos vies avec du rire, de l'amitié et des chansons. Et je continuerai. J'aime plus que tout mon pays et les gens qui en font la richesse. Pour l'avoir sillonné de spectacles en spectacles, pour l'avoir rassemblé devant le petit écran, je connais par cœur (c'est le cas de le dire) toutes ses ressources de courage, de volonté, d'audace, de tendresse et de solidarité. Il faut y croire parce qu'il est bien là le paradoxe : malgré la dureté de tous les « pourquoi » que je viens de développer, elle est encore bien accrochée la « douce France » chère à Trenet. Et je suis persuadé qu'elle compte bien plus de braves gens que d'âmes boiteuses. Il ne lui manque qu'un élan et la parole.

J'ai créé le D.A.R.D. pour que vous vous offriez les deux.

Ça ne dépend que de vous !

COMMENT ?

AVERTISSEMENT

Le « comment » que je vais aborder est plus une indication de fonctionnement du D.A.R.D. qu'un apport de solutions concrètes. Certaines sont effleurées. Bien entendu, j'ai des certitudes établies, des propositions réelles dont j'ai déjà exprimé la teneur dans les chapitres précédents. Mais, comme l'objet du rassemblement (je m'en expliquerai plus loin) est de faire remonter en priorité vos propositions, je ne détaillerai pas les miennes. Ce n'est justement qu'augmentées des vôtres que nous pourrons les rendre précises et effectives.

Le pouvoir, c'est vous, ai-je souligné en introduction. Ce manifeste est une amorce. Les mesures réelles de changement, dans la ligne du respect de chacun, ne peuvent être inspirées que de vous, de votre vécu, votre quotidien, vos frustrations et vos espérances. Elle est là surtout l'originalité de ce concept « politique » : ne plus accepter qu'on décide à votre place. Elle est là la nouveauté : il n'y a que vous qui serez à même d'édicter les lois qui vous régiront. Je vous expliquerai justement « comment » dans les chapitres suivants.

Ce sont les convictions que je tente ici de vous faire partager, ajoutées à vos idées qui, réunies, pourront avoir enfin le pouvoir de bousculer l'ordre des choses.

COMMENT VA FONCTIONNER LE D.A.R.D. ?

Le D.A.R.D., tel que je l'ai conçu, est un rassemblement. Pour des raisons essentiellement juridiques, il existe sous forme d'association, loi 1901, à but non lucratif. J'en suis le fondateur et à ce titre, je suis responsable de son éthique, et je suis statutairement seul habilité à le dissoudre, si des événements ou la conduite de ses membres l'entraînaient à s'éloigner radicalement de sa mission première : défendre le droit au respect et à la dignité de chacun.

Aucun de ses membres, ni même son fondateur, n'est autorisé à se présenter à un scrutin électoral devant le peuple.

Le D.A.R.D. possède un siège à Paris dont la Boîte Postale est BP 30052, 75362 Paris cedex 08.

Il possède également un site Internet (www.le-dard.com) dont je détaillerai l'utilité essentielle plus loin.

J'assurerai sur mes fonds propres le financement de départ du fonctionnement de l'organisation pratique : locaux, matériel, création et entretien du site. Le D.A.R.D. n'étant pas un parti politique, son financement gardera toujours des proportions très raisonnables. Pas de campagne électorale, pas de congrès pour une exposition de façade, pas de campagne de communication, rien de ce qui impose un besoin permanent et parfois injustifié (voire détourné) de soutien financier, comme cela se rencontre fréquemment en politique.

Les quelques personnes chargées de collecter les adhésions, d'entretenir le site, de synthétiser les propositions émises par les membres seront soit des bénévoles, soit des salariés. S'il advenait que le mouvement prenne une ampleur inattendue, la multiplication du nombre de ces salariés ou des opérations exceptionnelles nécessiteront peut-être une mise de fonds plus conséquente. Dans ce cas, nous irions chercher en priorité ce financement à l'intérieur du D.A.R.D. À l'image de la société telle que je la rêve, je demanderai aux plus aisés de nos membres une contribution généreuse. Celle-ci ne sera en aucun cas obligatoire. Je la laisserai à l'estimation de chacun. Jamais il ne pourra être fait appel à une générosité de l'ensemble des membres. Ce qui signifie évidemment qu'aucune cotisation n'est, ni ne sera exigée pour adhérer au D.A.R.D.

Aucun appel aux dons ne pourra être effectué au nom du D.A.R.D., sans l'autorisation écrite de son fondateur. Il en va de même pour toute forme de commerce (vente de produits de consommation, tee-shirts, gadgets, brochures, écrits, CD, DVD, représentation du sigle, etc.). Cela pour nous protéger de tout abus mercantile. Tout manquement à cette règle statutaire sera susceptible d'entraîner des poursuites judiciaires. Si des membres du D.A.R.D. souhaitaient organiser des rencontres, réunions, repas, ce serait uniquement à leur charge, par un financement collectif à égale participation de chacun.

Toutes ces obligations sont des précautions. Elles ne sont établies que pour nous protéger des dérives qui trop souvent détournent la mission première des associations. Le D.A.R.D. est avant tout un rassemblement de conscience et de comportement. Ces attitudes ne justifient aucun investissement particulier. Nous ne finançons pas, nous ne construisons pas, nous ne sommes pas non plus une association caritative. Donc, nous n'avons aucune raison de posséder une trésorerie conséquente. Quant à nos frais de fonctionnement, le moindre abus serait un contresens, au vu de ce que nous souhaitons de l'État sur la diminution des siens. Pour que chacun soit témoin de cet engagement de bonne foi, les comptes détaillés de l'association seront publics et, à tout moment, pourront être consultés.

Il n'y a pas de carte de membre. A partir du moment où l'adhésion est effective (je reviendrai sur les modalités dans quelques lignes), chaque membre l'est de fait, sans titre officiel à arborer.

Un « engagement sur l'honneur » constitue la seule démarche à effectuer pour être membre du D.A.R.D. Il pourra être rédigé sur papier libre et envoyé au siège. Pour éviter l'encombrement d'un dépouillement compliqué, il est préférable d'adhérer par l'intermédiaire du site.

Voici sa formulation :

« En toute connaissance des fondements et des objectifs de sa mission, j'ai choisi d'être membre du D.A.R.D. Pour entériner mon adhésion, je m'engage sur l'honneur à m'efforcer de défendre au quotidien le droit au respect et à la dignité. Cet engagement n'oblige que ma conscience. »

C'est aussi simple que ça !

Il est souhaitable, comme je l'ai précisé plus haut, pour des raisons pratiques, d'adhérer par l'intermédiaire du site. La confirmation de votre inscription vous sera confirmée par e-mail. Pour ceux qui ne possèdent pas Internet ou ne le maîtrisent pas suffisamment, je leur conseille de s'adresser à des proches familiarisés à cette technique moderne. Si cependant, le courrier traditionnel était pour eux le seul moyen d'adhérer, il serait préférable, toujours pour les mêmes raisons de facilité de dépouillement, de grouper plusieurs adhésions dans un même envoi en joignant des enveloppes timbrées pour la confirmation de l'inscription.

Le D.A.R.D. étant un rassemblement totalement transparent, nous vous laissons le choix de décider si vous souhaitez ou non que votre appartenance soit rendue publique (voir processus à la fin de ce document). Dans le cas où vous accepteriez, votre nom sera listé et classé par ville sur le site Internet. Dans le cas contraire, votre anonymat sera garanti. Le but de cette option est que chacun sache qu'il peut à tout moment entrer en contact avec un inconnu partageant la même conviction que lui. J'encourage ce lien public, parce que nous n'avons rien à cacher. Au contraire, ce réseau de conscience commune ainsi exposé vous permettra de vous rencontrer pour vous connaître mieux en pleine lumière.

Comme le respect et la dignité que nous prétendons défendre sont accolés à la notion d'humain, il vous est fortement recommandé d'échanger vos convictions et vos idées autrement que devant un clavier. Cela aura aussi l'avantage de faire se croiser « en vrai » des milieux sociaux et des sensibilités totalement éloignés. C'est l'illustration parfaite du fondement de notre rassemblement : l'autre, c'est moi.

En résumé, dès votre « engagement sur l'honneur » déclaré, vous serez membre du D.A.R.D. La publication de votre nom et la rencontre des autres membres est facultative. Vous ne serez obligés à aucune action concrète. Seule votre conscience peut vous dicter les attitudes à adopter. Cette liberté totale concerne aussi le mode de pression politique que j'aborderai plus loin. Encore une fois, vous n'êtes tenus à aucune obéissance particulière. Je ne suis pas le maître de ce rassemblement, je n'en suis que l'initiateur. Les seuls devoirs que vous avez sont envers vous-mêmes.

Certains m'ont déjà demandé si les membres du D.A.R.D. auraient des signes de reconnaissance particuliers. Oui, si vous le souhaitez, mais comme précédemment, ils ne seront en aucun cas imposés, mais laissés à votre bon vouloir. La guêpe est notre logo et ses couleurs sont le jaune et le noir. S'il vous plaît d'arborer ces emblèmes, ce sera votre choix. Mais, comme je l'ai précisé plus haut, en aucun cas il ne pourra être fait commerce de ces signes de reconnaissance sans l'autorisation écrite du fondateur, sous peine de poursuites.

Notre devise est « Efforçons-nous ». Libre à vous de l'inscrire sur les supports que vous désirerez. Il y a également un geste (le poing fermé sur le cœur) que j'ai choisi pour nous identifier. Tout aussi libre à vous de le faire ou non. Je veux préciser que ces petits détails de reconnaissance mutuelle ne sont surtout pas essentiels. L'important est notre comportement quotidien, sur lequel je reviendrai en détail dans le chapitre suivant. Mais avant, je veux exposer l'autre partie du fonctionnement du D.A.R.D. : la pression.

En premier lieu, comme je l'ai écrit dans l'appel d'introduction, le boycott est une arme absolue. Nous sommes dans une société de consommation où, si nous le décidons, la rentabilité commerciale (donc, par effet boomerang, sa paralysie) peut devenir notre alliée. Boycotter ceux qui foulent aux pieds nos dignités sera une priorité. Bloquer leurs intérêts pour protéger les nôtres est un moyen d'action imparable.

Plus nous serons nombreux, plus nous pourrons agir efficacement pour contraindre les sociétés ou organismes commerciaux dénués de tout sens moral. Il faudra ne pas hésiter à nous unir contre tout abus financier ainsi que contre toute atteinte au respect des employés ou des clients. Une chaîne de distribution qui pratique la maltraitance, un établissement qui vend de la marchandise frelatée, une société de services qui profite de l'urgence du besoin pour flouer ses usagers ne doivent pas rester impunis. Si la loi, comme c'est fréquent, manque à ses devoirs, c'est à nous de pénaliser les profits de ces exploiteurs. Le D.A.R.D. peut devenir une arme formidable pour contraindre les plus puissants. L'exposition publique de ses membres sur le site leur permettra de se contacter pour agir ensemble. C'est là la première application effective de notre multitude. La deuxième est essentiellement politique.

Si notre rassemblement arrive à fédérer suffisamment de monde, nous deviendrons aussi une force qui pourra peser concrètement sur les décisions gouvernementales. Comme je l'ai signalé dans l'avertissement, chacun est encouragé à proposer, suggérer, inventer des idées nouvelles pour un meilleur fonctionnement de notre société. J'ai exposé seul le bilan, mais c'est à nous tous de créer la méthode.

Dès l'ouverture du site, il vous sera possible d'y déposer des idées pour le mieux-être de chacun. Ces suggestions seront triées et synthétisées. Celles qui paraîtront les plus conformes à notre combat seront ensuite examinées par des spécialistes en économie et en droit pour déterminer si leur application est réellement et légalement envisageable. Puis elles seront rédigées. Enfin, elles seront inscrites sur un « livre de promesses ».

Ce livre sera remis, avant les élections, aux politiques auxquels nous demanderons de s'engager, eux aussi sur l'honneur, à rendre effective l'application de nos propositions. Notre moyen de pression sera alors le nombre de bulletins de vote que nous leur promettrons en contrepartie de leur engagement. Je reviendrai dans un prochain chapitre sur le fonctionnement détaillé de cet échange civique.

Le D.A.R.D. est un rassemblement ouvert à tous, quelle que soit l'appartenance sociale, ethnique ou religieuse. Une exception, cependant : il est interdit aux personnes exerçant une responsabilité d'élu du peuple. Comme aucun membre ne peut se présenter à un scrutin, j'ai décidé cette mesure radicale pour éviter des amalgames fâcheux. Il serait trop aléatoire que, représentant à la fois le D.A.R.D. et un parti politique, quelqu'un puisse mener une campagne en parfaite indépendance d'esprit. Il serait surtout dommageable de n'user de l'appartenance à notre rassemblement que dans le but de rallier quelques voix de plus. Rien n'empêche, toutefois, des élus convaincus du bien-fondé de notre mission d'en appliquer les principes sans s'en réclamer officiellement.

Il n'y a aucune limite d'âge pour adhérer. Le bon sens exclut, bien entendu, d'un engagement les enfants, dont l'innocence fait qu'ils n'en prendraient pas la pleine mesure. Quant aux adolescents, ils sont les bienvenus, même s'ils ne peuvent pas participer à la partie « pression électorale » du mouvement, n'étant pas légalement autorisés à voter. L'application de la prise de conscience et de la mission de comportement sera la part unique de leur engagement.

Au terme de ces explications détaillées, on peut dire que le fonctionnement du D.A.R.D. se résume en une phrase :

une association à but non lucratif sans cotisation ni carte, dont les membres n'engagent que leur conscience.

Le projet est insolite et nouveau. Complètement irréaliste, diront certains. Sur ses objectifs à atteindre, peut-être, mais sur son existence sûrement pas. Le D.A.R.D. est là et bien là. Et il va s'inscrire dans le temps. Car même si nous ne sommes que peu, et que par voie de conséquence sa mission de pression s'avère infime, voire nulle, son essence première subsistera : le devoir de conscience de ses membres de s'améliorer pour défendre le droit et la dignité de chacun. Ça, c'est la réalité au minimum. Le temps et la force de conviction que vous et moi déploierons nous mèneront, qui sait, au maximum.

Une chose est certaine : la guêpe est véritablement l'emblème le plus représentatif de notre combat.

Seule, on peut l'écraser aisément.

Si elle se présente en essaim, sa force devient redoutable.

COMMENT DEVRAIT SE COMPORTER UN MEMBRE DU D.A.R.D. ?

J'ai écrit « devrait », je n'ai pas écrit « doit ». Parce que rien de ce qui va suivre n'est une obligation. Ce sont juste des suggestions, des encouragements. Chaque personnalité a des recoins multiples. Ce que certains feront avec aisance, d'autres auront à s'y contraindre, parfois avec une grande difficulté. Depuis le début je parle de nous améliorer, à un point tel que certains doivent être agacés que je les fustige autant. Mais la satisfaction de soi est un de nos pires ennemis. Ce qui alimente l'insuffisance générale est justement le fait d'être persuadés que ce que nous sommes et ce que nous faisons est suffisant.

La perfection n'est pas de ce monde. En conséquence, celui qui s'estime irréprochable n'a rien à faire dans notre rassemblement. Pour les autres, ce que les psys appellent « le travail sur soi » est la base de notre effort. À cette différence près que la psychanalyse agit pour tenter d'éteindre des feux intérieurs. Là, il s'agit d'en allumer d'autres. Pas des feux qui brûlent, plutôt des feux qui éclairent. Mais soyons concrets : « S'efforcer de défendre le droit au respect et à la dignité », qui est la base de notre engagement sur l'honneur, ça veut dire quoi exactement ?

Premièrement, cela signifie se respecter et être digne de soi-même. C'est tout faire pour éviter de se complaire dans des situations avilissantes. Il est essentiel de trouver la force de secouer les jougs qui nous oppressent. Nous ne devons plus accepter la tyrannie d'un conjoint, d'un chef ou d'un groupe. Nous devons vaincre notre peur et notre résignation dans tous les cas de brutalité physique ou psychologique imposée (coups, viol, persécution, manipulation). Comment ? Il y a des lois à cet effet. Il ne faut pas hésiter à les faire appliquer. De plus, si vous êtes membre du D.A.R.D., il y aura toujours à portée de voix un ou plusieurs membres frères qui vous soutiendront et vous protégeront dans chacun de vos combats. Notre force est là aussi.

Se respecter et être digne de soi-même, c'est aussi tenter de nettoyer nos coins d'âme les plus sales. C'est éliminer cette mauvaise conscience qui nous empêche souvent de dormir et nous fait la mine triste. Vous les croisez parfois, ces visages las et torturés. La plupart du temps, ce ne sont pas des éléments extérieurs, mais des culpabilités internes qui sont responsables de ce délabrement de façade. La rancune, la vengeance, la jalousie sont autant de griffes qui nous tracent des sillons sur la peau, nous noircissent le regard, et nous font, pour finir, des têtes d'enterrement. Le nôtre, avant l'heure.

On devrait écrire sur les berceaux « haïr tue », comme on écrit « fumer tue » sur les paquets de cigarettes. Ce n'est pas immédiat, certains y échappent, mais la haine fait plus de mal à ceux qui en abusent, qu'à ceux auxquels ils la soufflent en pleine figure.

Haïr tue, et pardonner aide à survivre !

La vengeance détruit surtout ceux qui la nourrissent. La pratique du pardon est essentielle à l'amélioration personnelle. Pas dans des blessures extrêmes, c'est surhumain et seuls les croyants les plus appliqués parviennent à cet oubli d'eux-mêmes. Mais il y a tant de rancunes bénignes, de petites fâcheries familiales, qui ne méritent pas cet entêtement lancinant et stérile.

Qu'y a-t-il de plus stupide que de poursuivre un automobiliste qui vient de vous faire une queue de poisson ? Peut-être faire à son tour une queue de poisson ! La faire traduit un manque de respect de l'autre, déclencher la poursuite est un manque de respect de soi. Les deux attitudes sont aussi préjudiciables l'une que l'autre. C'est un détail tellement infime de la vie courante, mais, dans une journée, les détails comme celui-ci s'additionnent et le résultat est navrant. Et notre vie hoquette de petites tracasseries subies en minivengeances mesquines. Et pourtant, les jours nous sont comptés. Je ne connais pas un seul vieillard qui ne se dise : « Qu'est-ce que j'ai pu perdre comme temps à m'attarder à des choses qui n'en valaient pas la peine ! ». Alors, ne nous attardons pas ! Soyons économes de nos mauvais réflexes, autant pour nous que pour les autres.

Le respect de ces autres, c'est, après celui de nous-mêmes, la deuxième étape de notre devoir de comportement. Il est urgent de prêter beaucoup plus attention à ces autres. N'en déplaise à Sartre, ils ne sont pas l'enfer. Ni le paradis. Ils sont comme nous : mi-anges, mi-démons, selon les circonstances et en aucun cas définitivement. Quelles que soient leurs erreurs passées, leur réputation, les « on dit », il faut que notre approche des autres soit indulgente. La rédemption existe. La confiance de prime abord doit toujours prendre le pas sur la défiance.

Dans cette même ligne d'approche première, mais généralisée, il faut absolument nous débarrasser de nos a priori. J'ai abordé largement l'inutilité de nos racismes dans un chapitre précédent. Je n'en reparle que pour enfoncer le clou. Chaque membre du D.A.R.D. ne devrait en aucun cas s'arrêter à l'apparence première. Une fille trop maquillée en jupe ultracourte n'est pas obligatoirement une putain. Un riche n'est pas forcément méchant. Un pauvre n'est pas toujours gentil. Les salauds, pas plus que les héros, ne se distinguent au premier coup d'œil. Il n'y a que la discussion, le contact et la curiosité qui peuvent nous fabriquer un jugement définitif.

Le respect des autres, c'est aussi apaiser notre langage. Réduire au maximum nos emportements, nos insultes. C'est aussi chercher dans chaque conversation à comprendre l'autre plutôt que de le contraindre. C'est apprendre surtout à écouter plus qu'à entendre. C'est faire l'effort de s'intéresser à des confidences qui ne nous concernent pas a priori. Combien de fois par jour, dans les conversations courantes, n'écoutons-nous que nous-mêmes ? Faites le compte, vous verrez ! Tiens, juste un test : rien qu'aujourd'hui, vous avez certainement conversé beaucoup, mais que vous reste-t-il vraiment de ce que vous ont confié les autres ? Alors ? Pas grand-chose, sinon rien. Efforçons-nous donc, puisque telle est notre devise.

Ce plus d'attention aux propos des autres est la « mission d'écoute » des membres du D.A.R.D. Elle précède la « mission de secours ». Celle-ci est certainement la plus contraignante. Elle vient au bout du travail sur soi parce qu'il faut être animé d'une conviction et d'un altruisme sans faille pour la mener à bien. En voici ses applications souhaitables :

Rendez-vous disponibles pour passer du temps avec ceux qui sont en détresse.

Donnez un coup de main, dix coups de main.

Dépannez, aidez, accompagnez, encouragez.

Assistez des malades.

Tenez compagnie à des vieux.

Gardez des enfants.

Soutenez les familles en deuil.

Offrez votre table.

Faites profiter de vos plaisirs.

Prêtez ce qui ne vous sert pas vraiment.

Donnez ce qui ne vous sert plus à rien.

Soyez solidaires en tout. Vous l'êtes déjà ? Alors, soyez-le bien plus. Et même avant qu'on vous sollicite. N'hésitez pas à rendre le service qu'on n'ose pas vous demander. Tentez de deviner et de devancer les attentes.

En résumé : faites le premier pas !

Et puis pensez à sourire, à tout hasard. Qui sait si ce n'est pas seulement ça dont l'autre a besoin ? Juste la sensation d'exister.

Et surtout n'oubliez jamais : partager les joies, ça les augmente, partager les peines, ça les diminue !

C'est tout ça, la mission de secours du D.A.R.D. Je pourrais même écrire : ce n'est que ça, tant cela paraît facile. Hélas, si vous regardez bien autour de vous, cette sollicitude est bien moins présente qu'on ne peut le supposer. C'est pour cela que cette mission est indispensable.

Au bout de cet appel à l'altruisme, il y aura sans doute plus de moues dubitatives que d'enthousiasmes. Je sais parfaitement que l'angélisme sera le principal reproche fait à ce manifeste. Nous sommes cernés de tricheurs, voleurs, menteurs, exploiteurs, profiteurs et donc, à proportion au moins égale, de floués, volés, trahis et exploités. Chacun de nous a au moins une fois appartenu à ces catégories.

Il nous est même sûrement arrivé de passer allègrement de l'une à l'autre. Pourquoi voulez-vous que cet ordre établi se bouleverse ? Mais si chaque membre du D.A.R.D. s'applique à ce qui lui est suggéré, cela fera naître quelques rayons de soleil dans la grisaille ambiante. On peut rêver ! On est là pour ça.

Pour ce qui est de mon rêve personnel, il est de convaincre suffisamment chaque individu qui me lit ici, afin qu'à son tour, il puisse en convaincre d'autres. C'est là une autre mission capitale : mobiliser. Le prosélytisme a toujours eu une connotation péjorative. Sa définition dans le dictionnaire est celle-ci : « Zèle ardent pour recruter des adeptes, pour tenter d'imposer des idées. » Pour moi, cela n'a rien d'infamant et cela me convient parfaitement. Comme je l'ai déjà beaucoup souligné, le nombre sera notre force. Ce nombre se constituera en priorité si chacun des membres travaille chaque jour à persuader quiconque espérant un réel changement de société, que le D.A.R.D. est une voie nouvelle.

Ce manifeste, après sa sortie en librairie, sera aussi disponible gratuitement sur Internet. Faites-le savoir. Mettez-le à la disposition de ceux qui doutent, pour qu'au moins ils connaissent parfaitement les tenants et les aboutissants de cette initiative. Et puis, parlez, expliquez, démontrez. Chaque adhésion nouvelle sera votre victoire, votre goutte d'eau qui fera peut-être déborder le vase. C'est principalement cette assiduité à faire adhérer de nouveaux membres qui construira la force du rassemblement.

De mon côté, je ferai tout pour intéresser les médias. Mais je connais bien leur frilosité, voire leur animosité systématique envers tout ce qui pourrait bouleverser un ordre dont ils sont souvent les premiers bénéficiaires. Il vaut mieux, en priorité ne compter que sur nous. Lors des quelques passages dans les médias que le lancement de l'idée du D.A.R.D. m'a permis d'effectuer, j'ai pu mesurer la difficulté de la tâche. Je me souviens, en particulier d'un face-à-face avec un des analystes politiques les plus réputés. Monsieur Aphatie m'a tout de suite objecté, sans même savoir la teneur exacte de mon projet, que la politique, ce n'était pas ça. C'est quoi alors, si ce n'est pas s'inquiéter que le pouvoir confié par le peuple ne s'exerce que pour le bien-être de ce peuple ?

Il est donc incontournable que mon statut de saltimbanque m'ouvrira des portes, mais m'en fermera autant. Je fréquente suffisamment cet univers médiatique pour en connaître toutes les compromissions et les suffisances. J'en connais aussi les détournements. Il faudra beaucoup de temps et de persévérance, de « contre-interviews » et de droits de réponse, ne serait-ce que pour exprimer la teneur réelle de mon engagement.

C'est pourquoi il est essentiel que ce soit vous d'abord qui propagiez le concept. De repas de famille en conversations de voisinage. D'explications individuelles en exposés publics. Je vous invite aussi, comme j'y ai déjà appelé plus haut, à profiter du moindre espace de presse, de radio, ou de télévision, si vous avez l'opportunité de travailler dans ces domaines, pour faire passer le message.

Pour boucler définitivement ce chapitre concernant ce que « devrait » faire un membre du D.A.R.D., il me reste à évoquer les « propositions » qui seront le fondement du chapitre suivant : « Comment faire pression sur les politiques ? » Le site mis à votre disposition, vous permettra, comme je l'ai souligné précédemment, de soumettre des idées, des suggestions concrètes pour améliorer, à travers des décisions politiques la vie de chacun de nous.

Un des sports préféré des Français est le « y a qu'à ! ». Je vous propose de vous y adonner en toute liberté. En sachant que dans le cadre de notre rassemblement, ce « y a qu'à », d'habitude stérile, peut accoucher de mesures concrètes. N'hésitez pas à soumettre, à proposer. Soyez cependant mesurés. Ne saturez pas le site avec des exposés interminables ou totalement utopiques. Nous devrons faire un tri, synthétiser, analyser avant de rédiger des demandes précises et réalisables à ceux qui ont choisi de nous gouverner.

J'ai confiance en votre mesure. J'ai aussi confiance en votre créativité. Je suis certain que c'est vous qui êtes les mieux qualifiés (parce que premiers concernés), pour suggérer les décisions les plus utiles à une politique qui se fabrique souvent bien trop loin des réalités. L'analyse d'un taulard sur les conditions pénitentiaires est certainement aussi pertinente que celle d'un magistrat. Celle d'un malade hospitalisé sur les dépenses de santé est tout aussi remplie de bon sens que celle d'un professeur.

Que vous soyez jeune, vieux, riche, pauvre, érudit ou inculte, vous pouvez apporter votre pierre à l'édifice.

Le respect et la dignité ne peuvent souffrir d'aucune exclusion catégorielle.

Je vous donne la parole.

N'en abusez pas, mais prenez-la.

Et, ensemble, nous ferons tout pour la transformer en actes.

COMMENT FAIRE PRESSION SUR LES POLITIQUES ?

J'ai évoqué un échange civique. C'est certainement la part la plus audacieuse de notre action. Elle impose un mini-séisme dans les coutumes démocratiques de notre pays. Mais il est question d'ébranler un système, donc « séisme » est tout à fait le mot adéquat. L'échéance de ce tremblement est fixée à l'élection présidentielle de 2012. Il va de soi que si nous n'arrivions à rien, faute d'être suffisamment nombreux, ce ne serait que partie remise pour l'élection suivante.

Le concept est simple. Il part du constat suivant : dans le cadre du respect et de la dignité de chacun, certaines lois manquent, d'autres sont inadaptées ou en trop. Il faut contraindre le président élu à remédier à ce déséquilibre. Nous allons donc échanger le nombre potentiel de nos bulletins de vote contre l'engagement des candidats à, soit légiférer, soit abroger, soit amender sur la base des propositions inscrites dans notre « livre de promesses ».

Concrètement et chronologiquement : nous avons deux ans à compter de la création du D.A.R.D. pour collecter, via le site, des suggestions de lois à appliquer, à supprimer, ou à amender. Une fois triées, ces suggestions seront présentées à des économistes et des juristes qui nous feront part de leurs réserves ou de leur approbation. Leur tâche sera de nous indiquer le réalisme de leur application. Il n'est pas question de proposer des mesures inapplicables, soit pour des impossibilités pratiques soit pour des impossibilités légales. Une fois établie leur faisabilité, ces propositions rédigées seront inscrites dans ce que nous nommerons un « livre de promesses ».

Ce livre de promesses sera le document officiel de notre échange civique. Il comprendra un nombre de propositions indéfinissable pour l'instant (nous ne pouvons présumer de l'étendue de votre imagination, pas plus que des réserves des économistes et des juristes). Ce livre ne sera pas présenté au premier tour de l'élection présidentielle, mais seulement au second. Pour deux raisons : l'une, pour éviter que des candidats, certains de ne pas être au deuxième tour, ne s'en servent que pour récolter des voix. Les présidentiables qui nous intéressent sont les deux qui sont réellement susceptibles de gouverner et donc d'appliquer les mesures suggérées.

L'autre raison est de permettre à chacun d'exprimer démocratiquement sa sensibilité politique au premier tour. Cela concerne aussi ceux qui choisissent le bulletin blanc. Ils auront l'occasion, enfin, au premier tour, de marquer leur désintéressement, en conservant l'occasion de donner réellement au second tour un pouvoir à leur désaccord. Cette absence de l'influence du D.A.R.D. au premier tour nous donnera également un atout non négligeable : celui d'avancer masqués.

Personne ne pourra déterminer exactement le nombre des bulletins susceptible de peser dans la balance au moment de l'échange civique. Ce « bluff » sera peut-être un atout supplémentaire. Mais que sera-t-il concrètement, cet échange ?

À l'issue du premier tour, et ce, quels que soient les deux candidats restants, j'irai présenter le livre de promesses à chacun d'entre eux. Le marché alors sera simple : celui qui s'engagera, sur l'honneur et par écrit, à faire appliquer dans les deux ans le plus de propositions aura nos voix.

Il pourra alors y avoir trois cas de figure.

Premièrement : une escalade « d'enchères », au bout desquelles celui qui se sera engagé sur le maximum de promesses emportera nos votes.

Deuxièmement : l'engagement des deux à appliquer l'intégralité des propositions. Et dans ce cas-là, vous voterez alors pour qui bon vous semble, puisque notre victoire sera d'ores et déjà acquise.

Enfin troisièmement, et là ce serait le pire : qu'aucun des deux ne daigne signer ce livre de promesses. Ce dernier cas aurait une signification criante et surtout dangereuse. Cela impliquerait que les deux présidentiables se moquent éperdument de la dignité du peuple et de son désir d'être respecté. Je laisserai à chacun le droit d'en tirer les conclusions qui s'imposeront. Mais s'il advenait que ce refus déclenche une colère incontrôlable, les deux prétendants en seraient à égalité totalement responsables. Nul doute que les membres du D.A.R.D. seraient les premiers à exprimer cette colère que je comprendrais quelle que soit la forme qu'elle prenne, et quelque excès qu'elle entraîne.

Mais pour en arriver à ces excès, il faudrait que les deux candidats restants, tous deux dépourvus de sens moral, se soient arrangés entre eux aux dépens mêmes de leurs électeurs de base. Cette complicité de bandits justifierait un sursaut énergique de la population, dont, encore une fois, les deux présidentiables seraient totalement coupables. Mais, même si je l'évoque par précaution, je n'ose imaginer une telle dérive irresponsable, et je préfère envisager seulement un des deux premiers cas de figure.

Le contre-argument à l'efficacité de cet échange saute aux yeux : et si, après avoir signé, l'élu suprême ne respecte pas son engagement ? La question est inévitable. Voici la réponse : le livre de promesses sera rédigé de telle manière qu'il débutera par : « Je soussigné... m'engage sur l'honneur à faire appliquer dans les deux ans les propositions qui suivent. » Il se terminera par « Si je ne tenais pas mon engagement, je ne serais plus digne d'exercer ma fonction. » Une fin, à première vue inacceptable, voire anticonstitutionnelle, mais « l'engagement sur l'honneur » du début, s'il est tenu, enlève toute raison d'exister au renoncement de cette fin.

Autrement dit, s'engager ainsi, et ne pas respecter cet engagement ferait du signataire un être sans parole, sans honneur et sans conscience. Et pourrions-nous accepter sans broncher que les destinées du pays soient entre les mains d'un tel individu ? Ceux qui auraient mis leurs votes dans la balance auraient alors toute légitimité à s'organiser pour exercer au maximum les pressions possibles afin de contraindre ce personnage malhonnête et indigne à quitter ses fonctions de lui-même.

Cet échange civique, une folle utopie ? Pas sûr. Encore une fois, cela dépendra du nombre et de la volonté de chacun d'offrir son vote pour qu'enfin les mesures d'urgence soient appliquées. Quelle que soit la sensibilité politique de celui qui acceptera notre échange, il faudra lui donner nos voix. Son bord n'importe pas. Et qu'il soit élu sera notre victoire plus que la sienne. L'évidence est telle qu'elle mérite d'être écrite en majuscules :

NOUS NE DEVONS PLUS VOTER POUR QUELQU'UN,
NOUS DEVONS VOTER POUR NOUS

L'urgence veut qu'on ne s'embarrasse plus de guéguerres idéologiques d'un autre temps. Les scrutins traditionnels ont fait leurs preuves, hélas. L'être humain est toujours le grand perdant des urnes. Inventons autre chose. Vite ! Et pour conclure avec un raisonnement par l'absurde : connaissez-vous aujourd'hui un moyen plus efficace que celui-là (hors la violence), pour contraindre nos élus, sachant le peu de cas qu'ils ont fait jusqu'à présent de nos désirs réels ? Moi, je n'ai rien trouvé d'autre !

Voilà, exposées clairement, toutes les composantes de notre échange civique. Reste la teneur des propositions du livre de promesses. Elles seront toutes dans la stricte ligne du droit au respect et à la dignité. En attendant les suggestions des membres, certaines, déjà exposées tout au long de ce manifeste, sont fortement pressenties : la création d'un ministère des urgences chargé de réguler l'accès à la nourriture et au toit pour tous, la création d'une vaste cellule anticorruption, l'abaissement des charges, la diminution drastique des frais de fonctionnement des ministères, l'augmentation du budget de la justice, etc.

Tout cela paraît bien lointain et quasi inimaginable. Mais 2012, c'est demain et qui peut dire, sans l'ombre d'un doute, l'impact réel qu'aura ce manifeste ? Qui peut évaluer aujourd'hui avec certitude le nombre de membres que comptera le D.A.R.D. dans deux ans ? Qui peut préjuger de la solidité du rassemblement et de la volonté de ses membres de bousculer le système établi ? Personne, pas même moi. Mais il y a une chose dont je suis absolument convaincu : si notre nombre est conséquent, et si notre conviction est intraitable, les politiques seront obligés de se plier à notre échange civique.

Ça vous fait peur, vous, une société plus juste et plus harmonieuse ? Une société certes toujours inégalitaire, mais débarrassée d'une partie de ses abus de pouvoir ? Une société dont le cadre est réellement dessiné par le peuple ? Moi pas !

Les observateurs médiatico-politiques doivent me prendre pour un doux rêveur voire beaucoup plus sûrement pour un idéaliste cinglé. Qu'ils continuent ! Une attaque est toujours plus efficace quand l'ennemi n'est pas sur ses gardes. Qu'ils continuent aussi à célébrer les acteurs du système actuel ! Qu'ils les abreuvent de condescendance et les aveuglent de flashs ! Ça leur évitera de nous voir venir.

Cette lumière artificielle n'est pas pour nous.

Nous sommes juste la part de l'ombre.

Et c'est dans cette ombre que nous allons fabriquer notre essaim.

– C'est quoi ce bourdonnement ?

– Une révolution ?

– Non, sire, une révolte !

CONCLUSION

La création effective du D.A.R.D. correspondra, à quelques jours près, à la publication de ce manifeste. Serons-nous une poignée ? Serons-nous des milliers ? L'avenir le dira. Dans les deux cas, ce document sera la référence officielle de tous les adhérents. N'hésitez pas à le consulter chaque fois qu'il vous semblera que votre conviction faiblit.

Si le nombre venait à dépasser mes espérances, il est certain que j'adapterais les statuts premiers pour permettre une organisation plus structurée du rassemblement. Il n'est pas exclu qu'en cas d'adhésions vraiment conséquentes, outre le fait de m'entourer d'un collège d'amis proches susceptibles de me seconder, je vous incite à désigner des représentants locaux qui seraient le relais entre le siège et vous. Mais nous n'en sommes pas là. N'envisageons pour l'instant que ce mouvement de conscience informel, et contentons-nous du frisson de plonger dans l'inconnu.

Pour en revenir à ce document, il est, comme je l'ai précisé au début, certainement parsemé de multiples imperfections, complexités, ou omissions. Au contraire des hommes politiques et de leur infaillibilité de façade, je ne prétends pas avoir réponse à tout. Mais, même si j'avoue mes carences en économie, droit, ou organisation administrative, je suis certain de ma compétence en rapports humains.

Contrairement à ce que peut laisser croire son expression d'un autre temps, le « bon sens » est une des valeurs les plus modernes. C'est à partir de ce bon sens qu'il est essentiel de tout rebâtir. Ce sera aussi l'occasion de reconquérir nos libertés. Autant celles dont nous nous privons en aliénant notre quotidien aux contraintes de la modernité obligatoire, que celles que l'État nous a volées, en nous imposant sa volonté au lieu de se plier à la nôtre.

Au premier jour de votre adhésion vous devrez entamer votre amélioration personnelle. Mais sans précipitation. Contraindre sa personnalité, même si une réelle volonté est acquise, ne se fait pas du jour au lendemain. Le seul vrai conseil que je peux vous donner, pour réussir au plus vite, est de vous armer de ce que j'appelle « un sourire intérieur ». C'est une sensation facile à provoquer. Elle consiste à se sentir réellement sourire sans même que le visage traduise cette sérénité. Il suffit d'imaginer « virtuellement » tous les autres membres du D.A.R.D. marchant à vos côtés. Une image paradoxalement virtuelle et réelle à la fois, parce qu'à partir du moment de votre adhésion, vous pourrez vous sentir protégés, vous ne serez plus jamais seuls. Et peut-être même que ce sourire intérieur sera augmenté d'une motivation supplémentaire : celle d'avoir donné un nouveau sens à votre vie.

Voilà ! Je vous ai tout dit.

La suite vous appartient.

Et même si vous ne cautionnez pas l'ensemble de mes propos, même si vous ne souhaitez pas adhérer au D.A.R.D., efforcez-vous quand même de vous battre pour le droit au respect et à la dignité de chacun. Et qui sait ? Au moment de l'échange civique, même si vous ne faites pas partie du rassemblement, peut-être ajouterez-vous vos voix aux nôtres pour peser sur le choix du candidat le plus apte à considérer l'être humain comme une priorité de sa politique.

Toute action humaniste, initiée ou non par le D.A.R.D., sera, de toute façon, une victoire pour nous tous. Mais si vous choisissez, parce que vous y croyez, de me rejoindre officiellement dans ce combat, soyez bien conscients qu'il faut une armée, et que c'est à vous de la lever. Dans ce document, j'ai tenté de vous convaincre dans le seul but de vous permettre d'être convaincants à votre tour. Le D.A.R.D., c'est aussi votre application à mobiliser : l'efficacité de nos boycotts et la force de nos bulletins de vote ne s'imposeront que par la multitude.

Alors, multipliez-vous !

Introduction. Développement. Conclusion. Au sortir de ce manifeste, j'ai la sensation d'avoir rédigé une de ces dissertations d'école dont le sujet aurait pu être : « Faut-il réussir dans la vie ou réussir sa vie ? »... Ou aussi : « Le pouvoir confié par le peuple appartient-il toujours au peuple ? »... Ou encore : « La masse est-elle une addition ou une soustraction d'individus ? » Enfin, un choix inépuisable de thèmes philosophiques sur la place de l'être humain dans la société, sujets à débats ou contradictions. Ces débats et ces contradictions accompagneront certainement la sortie de ce manifeste. Il y aura des critiques sévères, des moqueries virulentes, des sarcasmes, de l'indifférence. Il y aura aussi des enthousiasmes, des soulagements, des révélations, des espérances.

Ce que je redoute le plus, c'est l'hésitation. Alors, au moment de conclure, j'ai juste envie de rajouter un sujet à la dissertation : « Dans une situation d'exaspération, est-il urgent d'attendre ou est-il urgent d'agir ? »

Ce manifeste vous a déjà donné la réponse.

Il faut agir.

Vite.

Alors, adhérez au D.A.R.D. !

Et, ensemble, efforçons-nous !

MODALITÉS D'ADHÉSION AU D.A.R.D.

Voici le formulaire à cocher d'une croix sur le site www.le-dard.com, ou à remplir sur papier libre et à expédier par courrier à la Boîte Postale BP 30052, 75362 Paris cedex 08 :

« Je soussigné (nom, prénom), en toute connaissance des fondements et des objectifs de sa mission, ai choisi d'être membre du D.A.R.D. Pour entériner mon adhésion, je m'engage sur l'honneur à défendre au quotidien le droit au respect et à la dignité. Cet engagement n'oblige que ma conscience. »

Le questionnaire qui suit est à remplir obligatoirement pour les besoins du listing. Il est aussi à recopier sur papier libre en cas d'engagement par courrier. Les options « oui » et « non » qui y sont adjointes (rayer la mention inutile), sont l'expression de votre choix, afin que les précisions demandées soient répertoriées ou non, publiquement sur le site. Vous pouvez, pour garder l'anonymat, tout refuser, comme accepter tout ou partie seulement de la publication des renseignements demandés (je conseille nom, ville et e-mail).

Nom, prénom OUI NON

Profession OUI NON

Date de naissance OUI NON

Adresse*

Ville (arrondissement/département) OUI NON

Numéro de téléphone*

E-mail OUI NON

---

* En aucun cas, votre adresse et numéro de téléphone ne seront divulgués.

La confirmation de votre adhésion vous sera faite soit par e-mail, soit par courrier (joindre une enveloppe timbrée pour la réponse).

Pour votre famille, vos amis…

NOM, PRÉNOM	OUI	NON
PROFESSION	OUI	NON
DATE DE NAISSANCE	OUI	NON
ADRESSE*		
VILLE (ARRONDISSEMENT/DÉPARTEMENT)	OUI	NON
NUMÉRO DE TÉLÉPHONE*		
E-MAIL	OUI	NON

* En aucun cas, votre adresse et numéro de téléphone ne seront divulgués.

La confirmation de votre adhésion vous sera faite soit par e-mail, soit par courrier (joindre une enveloppe timbrée pour la réponse).

Pour votre famille, vos amis…

NOM, PRÉNOM OUI NON

PROFESSION OUI NON

DATE DE NAISSANCE OUI NON

ADRESSE*

VILLE (ARRONDISSEMENT/DÉPARTEMENT) OUI NON

NUMÉRO DE TÉLÉPHONE*

E-MAIL OUI NON

---

* En aucun cas, votre adresse et numéro de téléphone ne seront divulgués.

La confirmation de votre adhésion vous sera faite soit par e-mail, soit par courrier (joindre une enveloppe timbrée pour la réponse).

Vos propositions

Vos propositions

Vos propositions

Vos propositions

Cet ouvrage a été imprimé
en mars 2010 par

FIRMIN-DIDOT

27650 Mesnil-sur-l'Estrée
N° d'impression : 99137
Dépôt légal : mars 2010

Imprimé en France